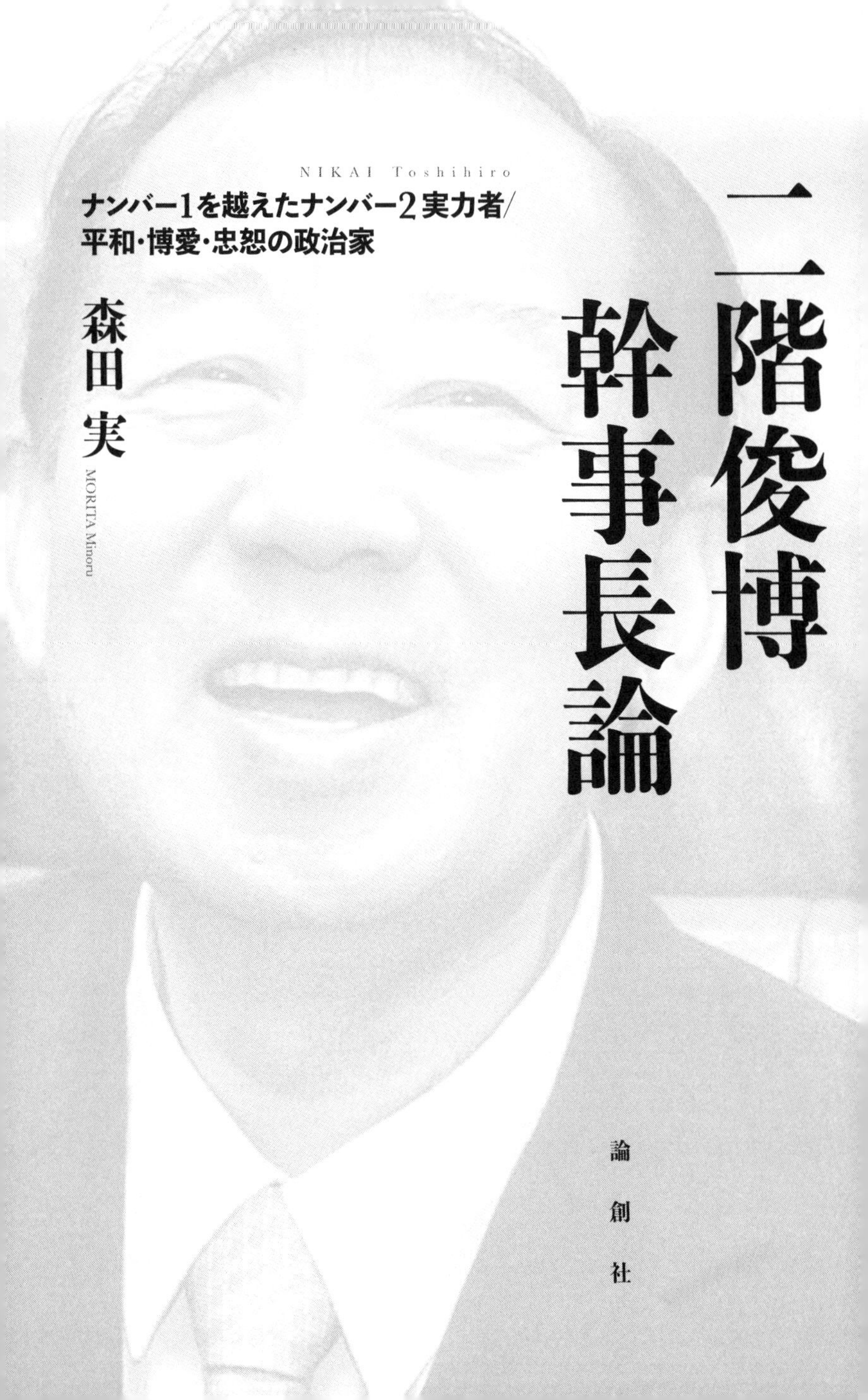

二階俊博幹事長論

NIKAI Toshihiro

ナンバー1を越えたナンバー2実力者／
平和・博愛・忠恕の政治家

森田実
MORITA Minoru

論創社

まえがき

政治分析、政治史研究の基本的視点を見直すべきときが来ていると思う。

ほとんどの政治研究者は、政治の動きを、つねにナンバー1政治家を中心に観察し分析し研究し、記述する。すべてナンバー1の動きを軸にして見ようとしてきた。だが、このナンバー1史観では、真実の政治の動きを記録することは困難だと思う。

歴史は、ときとしてナンバー1ではなく、ナンバー2実力者を主軸にして動く。しかし、多くの政治記者や政治研究者は、ナンバー2の存在を無視して、ナンバー1を主軸にして政治事象を説明しようとする。これは歪んだ固定観念である。この姿勢は改めなければならない。

政治を観察し、研究し、報道したり、研究書として記録する者は、行きすぎたナンバー1史観への過度のこだわりを克服しなければならない。

現在進行中の日本の政治を報道したり、記録として後世に書き残すことを職業とする者は、現在の日本の政治が、とくに平成時代、令和初期の政治は、二階俊博幹事長を中心にして動いているという真実に気づくべきである。

歴史が大きく動くとき、歴史を動かす実力あるナンバー2が登場することは稀ではない。中国古代『三国志』の時代における諸葛孔明、江戸時代末期から明治初頭にかけての勝海舟、第二次大戦末期における鈴木貫太郎、一九五五年の保守合同期における三木武吉らは、ナンバー1をうわまわる活躍をし、歴史の回天役を果たした。

「実力あるナンバー2が歴史を創る」という政治史に関する学説があるが、これは正しいと思う。

第二次大戦後、日本は政治体制を変更し、議会制民主主義の国になった。それ以後、何人かの偉大なナンバー2が登場した。三木武吉だけでなく、田中角栄、大平正芳、金丸信、二階俊博らの卓越したナンバー2実力者が活躍した。

このうち、田中角栄、大平正芳はナンバー1を目ざす途中で一時期、ナンバー2として行動したにすぎない。金丸信は実力あるナンバー2になったが、政策展開上の業績といえるものはほとんどない。

ナンバー2に徹した実力政治家で、歴史に記録される政治上の業績を上げた指導者は、戦後では三木武吉と二階俊博の二人である。

昭和末期から平成を通し、さらに令和において、政界実力者として活躍しているナンバー2実力者は、二階俊博幹事長である。現在の政界においてナンバー2の地位にあるが、実力はナンバー1である。

二階俊博の政治的業績を調べてみると、ずば抜けて大きい。

観光文化立国日本の建設、津波対策基本法制定、国連における「世界津波の日」の決定、防災減災国土強靭化政策の推進、中国・韓国・ベトナム・アジア諸国ならびにロシアとの平和友好外交の推進など、その政治的実績は巨大である。これほど大きな歴史に残る政治的業績を創造したナンバー2政治家は例がない。二階俊博こそは、近代日本の歴史において、勝海舟、鈴木貫太郎、三木武吉と並ぶ偉大なナンバー2実力者である。

我々は、現代日本の政治を見直すべきである。ナンバー2実力政治家である二階俊博を、真実にもとづいて、正確に記述する必要があると考えて、本書を著すことにした。これは政治評論の仕事に携わってきた評論家としての責務であると思う。

読者諸兄姉の皆さんに、正眼をもって、歪んだナンバー1史観の固定観念にとらわれることなく、二階俊博という日本国民が誇るべき傑出した政治指導者の真実の姿に向き合うことを、お願いする。


なお、本書執筆にあたり、数多くの人々の証言を収録した。証言者は日本国内にとどまらず、実際に私が海外に渡航して面談を重ねて、それぞれの人々から証言を得た。

私の取材に快くご協力いただいた内外の諸兄姉に感謝申しあげたい。

これらの貴重な証言は、すべて私自身が直接、聞いたものであるが、証言再現に関しては、著者・森田実の文責において本書に記述したものであることを記しておく。すべての責任は、私（森田実）にあることを重ねて申し上げる。

また、本書は、日本政治史の重要な事実を後世に残すものであるため、歴史的事実の記録として、登場人物に関しては原則として敬称を略して記すことをご容赦いただきたい。

二〇二〇年三月吉日

東京新宿区の寓居書斎にて　森　田　実

二階俊博幹事長論

――ナンバー1を越えたナンバー2実力者／平和・博愛・忠恕の政治家

目次

二階俊博幹事長論

――ナンバー1を越えたナンバー2の実力者／平和・博愛・忠恕の政治家

序　章――いま、なぜ『二階俊博幹事長論』を世に問うのか

自由民主党の二階俊博幹事長は、二〇二〇年三月現在、自由民主党幹事長を四期連続でつとめている。自由民主党が一九五五年の保守合同によって結成されてから六五年の歳月が流れたが、この間、四期連続で幹事長をつとめた政治家は二階俊博以外にはいない。いままでの自由民主党幹事長在職の最長記録は三期連続だった。二階俊博の四期連続は新記録である。二階俊博は自由民主党の歴代幹事長のなかの最良・最高の幹事長だと言って過言ではないと思う。

自由民主党六五年の歴史のなかで、最も長期間幹事長をつとめたのは、一九六〇年代から七〇年代初期にかけての田中角栄だった。田中角栄は政治上のライバルの福田赳夫と交代で幹事長をつとめ、通算での幹事長在職の最長記録保持者だったが、二階俊博が二〇二〇年九月まで幹事長をつとめたときに、この記録は塗り替えられる。

昔、日本社会党が野党第一党だった時代の日本社会党の「ナンバー2」の肩書は「書記長」だった。「幹事長」といえば自由民主党の「ナンバー2」を意味していた。しかし今日では、どの政党も「幹事長」という呼称を使うようになった。

ただし、自由民主党の幹事長と他の政党の幹事長とでは意味が違う。自由民主党幹事長は、国会運営、選挙、党活動全般について全責任を負っている実質的権力者である。自由民主党総裁は内閣総理大臣として政府を統括することに専念するため、党のことはすべて幹事長に委ねられている。自由民主党活動の実質的決定者は幹事長であり、内閣総理大臣となった総裁は党務に口を出すこともないし、また、口が出せない。自由民主党以外の政党においては幹事長はあくまで党代表の補佐役にすぎない。

二階俊博は自己の政治家人生の最終目標を自由民主党幹事長においている、と見られている。二階俊博は幹事長以上の地位を求めないし、また目ざそうとしてこなかった、というのが衆目の一致するところだ。だから、自由民主党総裁選において、二階俊博をまじえて、総裁ポストつまり内閣総理大臣就任をめぐる権力抗争が起こることはない。総裁にとって、もしも「ナンバー2」の幹事長が次の総裁選のライバルになる可能性があれば、総裁・総理の心理も立場も安定しない。

二階俊博は安倍晋三総理総裁の立場を安定させる代わりに、幹事長としての活動の自由と実権を得ている。二階俊博幹事長の最良の補佐役の林幹雄幹事長代理は、私に、「二階先生が幹事長になってから、安倍総理が何か言ってきたことは一度もない。国会運営、選挙、党運営のすべてが二階幹事長に全面的にまかされている」と語った。

二階俊博の最も近くでその活動を支えつづけてきた林幹雄の証言は正しいと思う。二階幹事長は、名実ともに最高実力者の幹事長である。


本書のタイトルを『二階俊博幹事長論』としたのは、二階俊博幹事長には、自由民主党だけでなく、「日本政界全体の幹事長」という性格があり、またそれにふさわしい活動実績を積み上げてきたと私が感じるからである。二階俊博は、わが日本国民全体の「幹事長」にふさわしい最高の実力政治家である。本書のタイトルには、この私の主観が込められている。

確かに、二階俊博幹事長時代が無限につづくわけではない。早ければ二〇二〇年九月で終わるかもしれない。しかし、そうなっても、自由民主党幹事長四期連続と九月に達成する自由民主党幹事長在職最長記録は、驚嘆すべき大記録である。「日本政治史上の最も偉大な幹事長」として記録され、人々に記憶されることになると思う。

二階俊博は一九八三年の衆議院議員選挙で初当選し、今日まで連続一二回当選をつづけている。いまは消滅して存在しない民主党が大勝した二〇〇九年八月三〇日の衆院選においても、二階俊博は小選挙区で勝利している。二階俊博は選挙に強い。負けたことがない。とくに二〇〇九年の衆院選のときは、民主党から総攻撃を受けたが、はね返している。二階俊博には弱点がないから、たとえ反対陣営から個人攻撃を受けても、その地位が揺らぐことはない。

本書で詳しく論じるが、二階俊博は、倫理面でも知性の面でも、有権者との一体感においても、卓越した政治家である。

ほとんどの政治家が、政治家となった以上、政界トップの座、つまり内閣総理大臣を目ざしている。しかし、二階俊博はトップを目ざすことなく、「ナンバー2」の地位以上を求めようとせずに、自らの政治家としての信念、理想を実現するため努力している。
多くの政治家に、この生き方を見習ってほしい、と私は願う。本書を執筆する目的のひとつは、若い政治家に、トップを目ざすだけが政治家の生き方ではないこと、「二階俊博的ナンバー2政治家人生」も十分に価値のあるものであることを知ってほしいからである。

本書のサブタイトルを「平和・博愛・忠恕の政治家」としたのは、二階俊博が徹底した平和主義に立つ政治家であり、博愛の政治家であるとともに、国民全体・人類全体への限りないやさしさと思いやりをもった政治家であることを示したいからである。「忠恕」は『論語』のなかの言葉で、民衆に対する限りない「思いやり」を意味している。

近代以後、日本政治には、何人かのすぐれた「ナンバー2」が登場した。江戸時代末期から明治時代初頭にかけての勝海舟、第二次世界大戦終戦時の鈴木貫太郎、保守合同時代の三木武吉らである。本文中で「ナンバー2」論を詳述するが、二階俊博は、これら歴史上の「ナンバー2」政治家に匹敵するのみならず、それを凌駕する偉大な「ナンバー2」だと私は思っている。

多くの若い政治家に、必ずしも「ナンバー1」を目ざすことなく、勝海舟、鈴木貫太郎、三木武吉、そして現代の「二階俊博的ナンバー2政治家人生」を目ざして努力してほしいと願う。これら「ナンバー2」政治家は、歴史上の業績において、「ナンバー1」政治家をはるかに凌駕している。これは歴史が証明していることである。

二階俊博の政治家人生には、これから政治家を志す若い人々にとって学ぶべきものが非常に多い。いや政治家のみならず、世のため人のために生きたいと考える多くの人々にとって二階俊博の生き方は、それぞれの人生において貴重な指針となりうるものである。道徳的で質素な私生活、強い郷土愛、徹底した平和意識、民主主義的な政治感覚、不当な差別に決して同調することのない強い平等思想、国民大衆との一体感、つねに努力を惜しまない生き方、不屈の楽観主義など、若い政治家諸君ならびに次代を担う人たちには、二階俊博を理想の政治家像・人間像の規範として自らの生きる方向性を定めてほしいと願う。

たとえ「ナンバー1」にならなくても、政治家として国民のため、人類のために十分に働くことができることを、二階俊博の政治生活から学んでほしいとの願いを込めて、さらに、人類の幸福と繁栄のために政治の道を歩もうとするすべての善良なる人々の教科書として活用していただくことを願い、本書を刊行する。

第一章　つねに「国民と共に」の姿勢と「平和主義」を貫く二階俊博の実像

1　二階俊博幹事長の精力的な日常活動

去る二〇二〇年二月八日、二階俊博幹事長と林幹雄幹事長代理の地方視察・遊説に私は同行して直接取材をした。午前一〇時に東京を出発し、深夜一一時に帰京する強行日程のなか、私は二階俊博の生の姿を見つづけた。

千葉県銚子市における二階俊博の活動は、到着早々の一二時半からの昼食会から開始された。林幹雄幹事長代理、越川信一銚子市長などの歓迎の挨拶のあと、二階俊博が短いスピーチを行い、「銚子市の発展なしに千葉県の発展はなく、千葉県の発展なしに日本の発展はない。銚子の発展のため全力で協力したい」と力強く述べ、銚子市関係者を激励した。会場は緊張し盛り上がった。

それからが大変だった。私は二階俊博の隣の席で銚子産の新鮮な魚介類の料理を堪能したが、二階俊博には眼前に並べられた料理を食べている時間がない。数十人が一人ひとり名刺をもって次々と挨拶にやって来る。二階俊博はその一人ひとりの目をしっかりと見て握手し名刺を交換して、それぞれの話に耳を傾ける。一人ひとりに丁寧に応対しつづけている。ほとんど食事はできない。やっと箸をもつことができると思ったところ、次の写真撮影。明るくにこやかに写真撮影に応じる。二階俊博との「2ショット写真」を皆が希望し、それにこたえていた。希望者全員との写真撮影が終わり、再び箸を手にとると、すぐに次の場所への出発時間だった。料理は半分程度しか食することができなかった。

その後の五カ所の視察は大変だった。どの場所にも二階俊博幹事長への陳情を準備して関係者が待機していた。それぞれの場所で、陳情と訴えを聴く。時々、二階俊博は秘書を呼びメモを取らせる。また、同行した中央省庁の幹部に声をかけ、相談する。すぐに出来ること、時間をかけて検討すべきことを分類し、必要な指示をスピーディーに行っている。少しも休まない。二階俊博は八〇歳だが、少しも疲れをみせない。

感心するのは、面談するすべての人と真剣に誠実に向き合っていることだ。同じ目線で話し合っている。どんな人にも大切に対等に応対している。

マーケットに入ると、店を一軒一軒まわって話を聞く。自分の目で街の景気を取材しているのだ。そして、少量だがポケットマネーで買い物をする。一人もおろそかにはしない。店員に対し、やさしさがあふれ、親切そのものである。

夜には「林幹雄衆議院議員と語る会」に出席し、スピーチ。

「盟友の林幹雄幹事長代理が日本の政治の中心で働いている。今後はより重要な役割を担う重要人物である。次の衆院選はそう遠くない時期に行われるが、林幹事長代理は全党の選挙を指揮するため自分の選挙区には帰れないと思うので、皆さんに支えてほしい」

と、ユーモアを交えながら熱弁をふるった。見事な演説だった。聴衆の心をぐっとつかみ、会場は時々笑いに包まれた。二階俊博と林幹雄との関係がいかに深いものであるか、二人が強い絆で結ばれた同志であるかが、銚子市民に伝わった。

事前に準備されたスケジュール表では、東京に向かって帰路に着く時刻をすでに一時間もオーバーしていたが、二階俊博には自民党幹事長として、もうひとつ大きな仕事が残っていた。幹事長番記者十数名との会見だ。約二時間、二階俊博との記者懇談が行われた。

二階俊博は番記者を大事にしている。皆、同じ人間である、との立場を貫いている。

帰りの車中で、二階俊博と私の二人だけとなった。私は、二階俊博の精力的な活動を見ての感想として、「一九七四年一月二日の総理官邸の新年会での田中角栄総理のエネルギッシュな活動ぶりを思い出しました。田中総理は約一〇〇〇名の来客一人ひとりと握手し、対話し、挨拶していました。今日の二階幹事長の精力的な活動は田中角栄総理とそっくりでした」と話した。

東京へ戻る途中、サービスエリアに立ち寄ると、二階俊博はそのたびごとに売店をまわった。店員一人ひとりと話し合い、商店経営の状況を聴き、ポケットマネーで買い物をした。夜遅くまで働いている店員を励ましているのだ。二階俊博は、会う人すべてに敬意を払い、激励している。決して休むことはない。たいした人物である。

ようやく東京についたとき、二階俊博は私に向かって、「まず、森田さんをお宅までお送りします」と言う。私は強く強く辞退し、二階俊博幹事長を赤坂の議員宿舎まで送ったが、結局、幹事長秘書が私を自宅まで送ってくれた。帰宅時刻は深夜一一時をすぎていた。

銚子市への旅をつうじて、二階俊博の、すべての人間を尊重し、大切にし、謙虚に接する精力的な活動ぶりに接し、改めて政治家二階俊博の非凡さを感じた。

二階俊博はつねに親切で、どんな人に対してもやさしい。相手を傷つけるような言葉は決して発しない。二階俊博の言葉には、つねに思いやりがある。

「優しい舌は命の木である」（旧約聖書）は、すべての人が守るべき格言だ。

三〇年ほど前、二階俊博と二人で和歌山県各地をまわったことがある。そのときも、二階俊博は、会うすべての人に親切に接していた。自分の選挙区の和歌山三区だけでなく、一区でも二区でも、二階俊博の人間尊重の姿勢は変わらなかった。

三〇年後の現在、幹事長になっても二階俊博は、すべての人を大切にし、尊重する姿勢を貫き通している。二階俊博は、つねに謙虚である。

じつは、この銚子視察の前夜、二階俊博は私の取材申し込みを受け入れ、約三時間にわたる取材を受けてくれた。この間、誠実に私の質問に答えつづけた。

私に会う前には、公明党の斉藤鉄夫幹事長、自由民主党の林幹雄幹事長代理、小泉龍司国際局長らと一緒に、中国大使館を訪れ、孔鉉佑《こうげんゆう》中国大使と会談している。席上、二階俊博は次のように述べた。

「日本は、中国での新型コロナウイルスの感染による肺炎の感染状況を我がことのように感じており、謹んで心からのお見舞いを申し上げる。中国はいま、感染を予防管理しようと積極的に努力している。困難にぶつかって真の友がわかるとよく言われるように、日本は全国民の力を結集し、総力を挙げて中国にあらゆる支援を提供し、中国とともに感染拡大に対抗したい。私は日中両国が団結協力すれば、できないことはないと確信する。私たちは、必ず感染状況に打ち勝つことができる。これまでに集めた一二・五万着の防護服を、できるだけ早く湖北省、浙江省、広東省などの医療機関に送りとどけたい」

二階俊博はつねに一生懸命である。その翌々日には、九州に飛び、農業関係団体の代表と会談を行っている。二階俊博は休まないのである。つねに日本国民とともに歩み、日本国民のために働き、世界平和を守るために働きつづけている。

2　二階俊博は、平和主義を貫き多大の成果を上げてきた実力政治家

二階俊博は、偉大な平和主義者であり、真の民主主義者である。

この世の中で最も大切なものは何か。それは平和である、と私は思っている。第二次大戦が終わってから約七五年間、私は、この世で最も大切なことは平和である、と信じて生きてきた。政治家の評価も「平和」を主軸にして判断している。

政治において最も大切なことは平和を守ることだ。政治家の真価は、平和のために努力しているか否かにある。私の政治家の判断基準は、何よりも平和主義者か否かにある。私が政治家・二階俊博を尊敬しているのは、彼が真の平和主義者だからだ。

マスコミ人のあいだでは、日本の保守政治家は平和を守ることにあまり熱心でなく、野党政治家の平和を守ろうとする熱意には及ばないとの見方が強いが、これは偏見であり間違った固定観念だ。保守政治家に二階俊博のような筋金入りの平和主義者がいることを忘れてはならない。

いまはなき、田中角栄、大平正芳、後藤田正晴、金丸信らも平和主義者だった。公明党の政治家は全員平和主義者である。確かに日本社会党が存在していたころは、野党に平和主義を標榜する者も多かったのだが、日本社会党が消滅し、保守二党制になって以後は、自民党と野党とのあいだの差はほとんどなくなった。野党側にタカ派政治家が増えたのもその理由のひとつだ。

現在の政界のなかで、平和を守る熱意の強さと具体的な努力の量と質において、最高の政治家は、自由民主党幹事長の二階俊博である、と私は思っている。平和主義者という点で、二階俊博と同じ立場にあるのは公明党の政治家だ。そこに自公連立政権の最大の存在意義があると私は思っている。

第二次大戦が終わってから今日までの七五年間で、一度だけ日本政府の側から戦争の危険を作り出すに等しい挑発的行為を行ったことがあった。それは二〇一二年、民主党の野田佳彦政権時のことだ。二〇一二年九月、当時の野田佳彦民主党内閣が、尖閣諸島の国有化を閣議決定した。野田佳彦総理は、石原慎太郎東京都知事の進言を受け入れ、中国政府の強い反対を無視して、あたかも中国との国際紛争を求めているかのような挑発的な態度をとり、尖閣諸島国有化の閣議決定を強行した。これにより日中関係は、一九七二年の日中国交樹立以来の、非常に危機的な状況に陥った。国交断絶が一歩手前に迫る状況に至り、軍事面でも一触即発の危険な状況が生まれた。野田佳彦民主党内閣は日中戦争を挑発するような悪事を行ったのである。

このとき、野田佳彦民主党内閣のなかで、平和を強く主張したのが山口壮《つよし》外務副大臣だった。山口壮が激しく尖閣諸島国有化に反対し抵抗したため、野田佳彦は、山口壮を解任する暴挙に出た。山口壮は、強く抗議して、民主党と決別するに至った。山口壮は外交官出身の筋金入りの平和主義を貫く政治家である。

戦後七五年間で最も危険な、平和を脅かす行為を行ったのは、この野田佳彦民主党政権だったという事実を、我々国民は決して忘れてはならない。こんな愚行を絶対に繰り返してはならない。

民主党の方が自民党よりも平和に熱心だというマスコミ人の考えは歪んだ固定観念にすぎなかったことが、はからずも証明された。民主党はこの直後に参院選で大敗北を喫して政権を失った。政権交代可能な二大政党制を目論んだ小選挙区比例代表制を採用した選挙制度だったが、以降、民主党が政権に就く可能性をほぼゼロにしてしまった。その後民主党自体が消滅した。野田佳彦民主党政権の罪は大きい。

こうした厳しい状況のもと、多くの国民が日中関係の危機的状況を改善するための努力をはじめた。最も熱心だったのは、自民党内の平和主義を貫く二階俊博らの政治家と山口那津男代表・西田実仁《まこと》参議院議員らの公明党の政治家だった。

とくに公明党の山口那津男の動きは敏速だった。公明党は二〇一三年一月、代表団を中国に派遣した。山口那津男は習近平総書記と会談し、対話による解決の方針を確認した。つづいて自民党も動いた。中国に幅広い人脈をもつ二階俊博は公明党とも連携し、水面下で活発に対話の道を探った。二階俊博は、これまで培ってきた種々の人脈をつうじて、日本国民は日中友好を望んでいること、日中関係を長期的視点で考えようということを、中国の要人たちに伝えた。山口壯も働いた。こうした努力の結果、軍事的危機は回避された。

野田佳彦政権内で、日中対立を起こすことに強く反対したのは、外務副大臣だった山口壮だった。山口壮は野田佳彦に話し合いによる解決を強く主張した。外務大臣だった玄葉光一郎とは激論を戦わせた。

山口壮は、平和主義を投げ捨てた民主党と決別し、無所属で二回の衆議院選を戦って勝利したあと、平和主義者の二階俊博のグループ・二階派に所属したのち、自民党に入党した。現在は、自民党の幹部として幅広く活躍をしている。以下に、山口壮が、私に語った証言を紹介する。なお、文責は私・森田実にある。

《まだ、どなたにも申し上げていませんが、日中間が最悪の事態にならないよう、私なりに全力を尽くしました。二階先生にも相談しました。二階先生に果たしていただいた大きなことがあります。

それは、二〇一五年五月に、三〇〇〇人の日本人の方々と北京を訪れた際、中国側は最後の最後まで検討を重ねた挙げ句に、習近平主席と二階先生の会談をすることを決意し、この会談により、日中間の武力衝突、戦争の危機をとりあえず脱したわけです。それを導いた二階先生の役割は非常に大きいと思います。

二〇一二年の尖閣をめぐる民主党政権の不手際により、日中間に武力衝突の危険性が生じたことを私は大いに危惧しました。これは現実的な目前の危機でした。

（二〇一二年九月一一日の閣議決定の前日、政府内で中国との外交を担当していた山口壮外務副大臣は捨て身の覚悟で官邸に乗り込み、野田総理と一対一で会談した――森田記）

「翌日一一日の尖閣国有化の閣議決定は延期してほしい。東京都が購入するにしても手続き的に時間がかかり、一二月までは無理なのだから、その間、自分が毎日でも北京に通って対話を尽くす。たとえ国有化の結論は変えられないとしても、話をもっと尽くすべきだ。

このまま明日、閣議決定をしてしまうと、中国国内で無数の反日の暴動が発生するだろう。野田総理が想像している何十倍、何百倍の事態の悪化を招くだろう。武力衝突の危険性すらある。

それを避けられたとしても、この後、七～八年は日中関係は凍りついたままになるだろう。なんとしても明日の閣議決定は延期して、私に北京との話を尽くす時間をください」

と粘ったのですが、野田総理はまったく無言でした。

私が最後に別れ際に「総理、沈黙は承諾のしるしですか」と声をかけたのですが、これにも返事はありませんでした。

その夜、私（山口壮）のもとに珍しく玄葉外相から電話が入り、翌日の閣議決定の内容をめぐり、大論争となりました。

これが、二〇一二年九月一一日の閣議決定前夜の話です。

（結局、翌日の閣議決定は変更されることはなく、その後、事態はまったく山口壮の予言したとおり、最悪の経過をたどった。——森田記）

閣議決定を受けた記者会見で私は、「この件は、外交官の案件として処理する。絶対に軍人の案件にはしない。外務省の案件である。絶対に防衛省の案件にはしない」と大きな声で、北京に聞こえるように繰り返しました。

結果として中国は海軍ではなく「海警局」の船を送るにとどめ、日本側も海上自衛隊ではなく「海上保安庁」の船を出すにとどめ、万が一の事態にも一触即発で戦争にならなないようにとの工夫に結びつきました。

その後、私は、本当に武力衝突のことが心配でしたし、現にその危機はありました。

二階先生が二〇一五年五月に三〇〇〇人の方々と訪中されることになり、私も同行予定だったので、その一カ月前の四月に、私は、幹事長の秘書をともない、旧友の李小林対外友好協会会長を密かに訪ね、「二階先生訪中の際には、なんとか習近平主席と会談できるように」とお願いしました。先方からは、「約束は難しいが、頑張ってみる」とのことでした。》

以上が、山口壯が私に語ったことだ。緊迫した当時の真相が明らかにされている。私の責任で、山口壯が私に語った内容を公表した。

この山口壯の証言は、きわめて重要な歴史的記録だ。

民主党政権が破壊した日中平和友好関係を修復するために尽力したのは、自民党と公明党だった。そして、この関係改善の努力の中心にいたのが二階俊博だった。

二階俊博は、衆議院議員初当選以来、いや、それ以前の和歌山県議会議員の時代から一貫して平和主義を貫いてきた保守政治家である。二階俊博は、一九八三年に衆議院議員になって以来三七年間、つねに平和と日本国民のために努力してきた。二階俊博は、日本政界を代表する平和の政治家である。

私は平和第一主義者である。平和のために努力する政治家を同志と考えている。二階俊博は日本の政界では、平和主義の第一人者である。これが私が二階俊博を信頼し支持する動機である。

二〇二〇年の世界は、深刻な危機に直面している。中国・湖北省武漢市に端を発した新型コロナウイルスの感染は多くの国々に広がり、世界を震撼させている。欧米諸国の一部には、中国人と日本人、韓国人を含むアジア人を排斥する動きすら出はじめている。新型コロナウイルスの感染がさらに拡大する事態になれば、危険なアジア人排斥の動きが激化するおそれがある。まだ一部であるとはいえ、日本国内にも中国人を排斥する動きもみられはじめている。親中派の政治家に対する反中国主義者の卑劣な攻撃も始まっている。

だが、こんなことを許してはいけないと思う。

人類が平和に生きるためには、寛容と忍耐が必要である。とくに主要国の政治家は寛容と忍耐を貫かなければならない。

世界平和のためには、中国を孤立させてはならない。日本政府は、中国が世界各国と調和して生きていくため、国際協調の努力を強めるべきである。

これから、中国を排斥する動きが出てくるおそれなしとしない。世界的な中国バッシングが起こるおそれはある。日本は中国を孤立させないための外交努力を行わなければならない。世界平和のためには、まずアジアを平和にしなければならない。このための日本の役割は大きい。

二階俊博の役割は、この深刻な危機に直面した状況においてとくに、きわめて大きいと思う。中国を孤立させず、アジアをひとつにしていくため、日本は働かなければならない。

私は、実力ある二階俊博に期待している。平和・協調の政治家・二階俊博にとって、政治生活の総決算のときが迫っている。

3　二階俊博は、平和・草の根重視の政治家・田中角栄の後継者

田中角栄は政治の天才だった、と私は思っている。

第二次大戦後の議会制民主主義の時代に入って以後、多くのすぐれた政治家が登場した。そんななか、「天才」と呼ぶにふさわしい政治家が三人いたというのが私の見方である。一人目は、保守合同を為しとげた三木武吉。二人目は、日中国交回復を実現した田中角栄。三人目が、今日大活躍中の二階俊博である。

田中角栄は、二階俊博の政治の師である。田中角栄は、二階俊博に早くから注目していた。二階俊博は衆議院議員になり田中派のメンバーになって以後、田中角栄から直接の指導を受けた。ものごとの捉え方、人を見る目、一人ひとりとどう向き合うべきか、政治活動のあり方など、数多くの政治の要諦ともいえる核心を田中角栄から学びとったのが二階俊博である。

田中角栄の政治上の弟子を自認する政治家は、かなりいる。多くは単に田中角栄の近く

で活動したことがあり、田中角栄の表面的な政治手法や言動を真似ているような者が少なくない。だから、本質的に謙虚な政治家・田中角栄の弟子と称しながら、ときとして傲慢になり他者を見下すような振る舞いをしがちな三流政治家にしかなれない者もいる。

この点、二階俊博は違う。田中角栄から二階俊博が学びとったものは、政治の魂というべき田中政治の本質である。田中角栄の人間としてのスケールの大きさ、人間に対する無限のやさしさ、国民への奉仕の政治が、何に由来するものかを二階俊博は体得した。二階俊博は、田中角栄から政治の真髄を学び、それを自分のものとして継承し、現実政治の舞台で国民のために実践しつづけている。

田中角栄は、「ポスト田中」の日本政界に、二階俊博という天才を残したのである。田中角栄と二階俊博との関係について、二階俊博自身の言葉が残っている。二〇一七年一二月二八日に、中国で行われた二階俊博の講演である。読者の皆さんに、しっかりと読んでほしいとの願いを込めて、次に全文を引用する。

《二階俊博「世界の中の日中関係～日中『共創』の時代へ」（二〇一七年一二月二八日　中央

党校での講演）

大家好《ダイージアハオ》！

ただいまご紹介いただきました、日本国自由民主党幹事長の二階俊博です。

本日は、中国共産党中央党校において講演する機会をいただき、大変光栄です。

第七回日中与党交流協議会に出席するため、七カ月ぶりに中国を訪問しました。昨日まで、習近平国家主席が一七年間過ごされ、また宋濤《そうとう》中連部長の故郷である福建省を訪問いたしておりました。

今回、このような貴重な機会をくださった何毅亭《かきてい》常務副校長をはじめとする中央党校の関係者の皆さまに、心から感謝申し上げます。

「念仏を一〇〇万遍唱えても、実行しなければ意味がない」

「決断と実行だ」

この言葉は、私が「政治の師」と仰ぐ田中角栄総理大臣が何度も口にした言葉です。

今年は日中国交正常化四五周年の年であり、間もなく、その一年が終わろうとしています。この記念すべき年に、当時の歴史的な日中国交正常化の決断を下した日中両指導者の功績について、改めて振り返りたいと思います。

一九七二年九月二五日、羽田空港を飛び立ち、日本の総理大臣として初めて中華人民共和国に向かった先生は、こう述べられたそうです。

なぜ北京に行くのか、「ときの流れだからだよ」と。田中角栄先生は、めまぐるしく情勢が変わる激しい冷戦のなかでも「ときの流れ」を正確につかみ、目の前のことだけではなく、日本の一〇年先、そして一〇〇年先を見据えていました。

いままさにこの時代が全てを乗り越えるための大きな決断を必要としているという風に、田中角栄先生は捉えたのです。

一方、日本の総理大臣を初めて迎え入れる中国には、毛沢東《もうたくとう》主席、そして、日本に留学経験のある周恩来《しゅうおんらい》総理という、同じく、戦略的かつ長期的なビジョンを有する、二人の偉大な指導者がいました。

しかし、ビジョンだけでは大事はなせません。リスクをおそれない勇気と政治的な決断が必要でした。なぜなら、当時、国交正常化に強く反対する声が、日本でも中国でも

「こだま」していたからです。

そう、歴史の偶然なのか必然なのか、日中両国は、四五年前の同じ時期に、先見性と政治的勇気を兼ね備えた指導者に恵まれていたのです。

このようなすぐれた指導者の下、国交が開始されたのですが、そのなかで次のようなエピソードがあります。

周恩来首相と交渉をしていた田中角栄先生は、三日目の夜、突然、中国側から、中南海に呼ばれました。到着した田中角栄先生が、毛沢東主席と固い握手を交わし着席すると、開口一番、毛主席から、

「もう周総理とのケンカは済みましたか。ケンカしてこそ初めて仲良くなるものですよ」

この言葉は、中国の最高指導者が日中関係の大局観をしっかりともっていたことをはっきり示すものです。その後、交渉は軌道に乗り、九月二九日に国交正常化が見事に成し遂げられたのです。

この毛沢東主席の言葉は日中関係の本質を突き、そのときばかりか、そのとき以降の

日中関係をもあらわす絶妙なものになっています。

今日、ここに立つ我々は、ただいまご紹介した国交正常化当時の日中双方の指導者の政治的決断、そしてこの道程でご努力された「井戸を掘った」先人たちの偉大な貢献を忘れてはなりません。

同時に、この四五年の歩みを振り返ると、様々な友好と交流の歴史がありました。北京一の桜の名所である玉淵潭《ぎょくえんたん》公園では、いまもなお、春になると、国交正常化を記念して田中角栄先生が寄贈した大山桜が花を咲かせると聞いています。

また、日本で絶滅の危機に瀕していた、美しいトキも、一九九九年につがいが日本に贈呈されました。

これを機に、人工繁殖も重ねられ、日本のトキの数は増えました。また、このお礼として、日本は中国のトキの保護に対して支援を行ってきました。この協力関係をさらに発展させるために、新たにトキを提供いただければ、誠にありがたいと思います。

これまで、先人達が作り上げてきた日本と中国の友好に向けた決意と精神を、しっかり引き継ぎ、次代に語り継ぐために、私自身、先に触れた「ケンカもしなければ仲良くなれない」という毛沢東主席の言葉を胸に、ひたすらに、木を植え、種をまき、井戸を掘ってまいりました。

どのようなときであっても、「一衣帯水」の隣国同士、日本と中国とのあいだで、交流や対話を途絶えさせてはならない、その一心であります。

二〇〇〇年、私は当時運輸大臣でしたが、当初その年にちなんで、二〇〇〇人の目標を立てて大型訪中団を結成しました。多くの日本の関係者に声を掛け、結局、その倍の四〇〇〇人が集まりました。

そのことを事前に唐家璇《とうかせん》外交部長に伝えたところ、「中国では、四という数字よりも五が好きなんだ」と言われてしまいました。

私も正直驚きました。訪問直前でもう一〇〇〇人集めろ、ということかと。それでも、改めて日本で呼びかけたところ、五二〇〇人も集まりました。

そうしましたら、今度はなんと、人民大会堂には五〇〇〇人も入れませんと言われてしまいました。当時は苦笑するしかなかったのですが、もちろん、最終的には五二〇〇人の団を温かく歓迎していただきました。いまではこうしたやり取りも、懐かしい思い出です。

その二年後の二〇〇二年、日中国交正常化三〇周年を記念して、一万三〇〇〇人の仲間を募り、万里の長城の八達嶺《はったつれい》において、参加者一人ひとり、合計一万三〇〇〇本の記念植樹を行いました。

二〇一五年の一〇月、NHK交響楽団の北京公演に合わせて訪中した際、私は一三年ぶりに八達嶺を再訪して、みんなで植えた木を見に行きましたところ、太い根を張り、緑が生い茂り、立派に育っていました。私の心は、喜びで満たされました。木々をお世話いただいた方々に、改めて感謝申し上げたいと思います。

その年の五月、三〇〇〇人を超える民間大使と共に日中観光文化交流団として訪中した際に、習近平主席が、

「先人の植えた木の木陰で後代の人々が涼む」

という言葉を教えてくれました。

私のライフワークである植林・植樹の取組に対して、応援のお言葉をいただいたこと

に感動した思いが、八達嶺の記念植樹を目にしたとき、鮮やかに私のなかでよみがえりました。

私たちの先人が国交正常化という大きく太い木を植え、育てつづけたからこそ、日中間に難しい熱い問題が起こったとしても、いま一度冷静になって、木陰で真剣に日中関係の将来を考えることができるわけです。植林ほど、現世の利益を超えた人間の行動はない、というのが私の持論です。

二〇一一年、未曾有の大震災が東日本を襲ったとき、困っていた日本人に対して、多くの中国人が助けの手を差し伸べてくれました。

中国は初めて日本に国際救援隊を派遣し、一五名の隊員がいち早く岩手県の大船渡市に入り、生存者の捜索・救助活動に尽力してくださいました。

また、震災で被害にあった子供たちが打ちひしがれている姿を見て、中国政府は、この子ら五〇〇人を中国にご招待してくれました。最初の一〇〇人をご招待いただいたときには私も同行しました。

津波による甚大な被害を受けた仙台から、飛行機で飛んだ我々は、海南島の青い空、美しい海を見て、希望を失っていた子供たちに笑顔が戻っていく様子を見て、心と心の交流の大切さを痛感いたしました。子供たちの心に柔らかな光が差し込んだのです。ならば、そのお返しとして、私は、今度は五〇〇人の中国の子供たちを日本に呼ぼうという提案をして、これがきっかけで日中の少年少女たちによる交流が実現しました。いまでも、当時日本に招待され、大学生になられた中国の方からお手紙をいただいており、世代を超えた日中親善と友好の証として、大切にしまってあります。

来年は四川大地震から一〇年の節目を迎えます。地震をはじめとする自然災害が多い日本と中国だからこそ、災害から尊い命を守る、という当たり前のようで非常に難しい課題に、お互い協力して助け合い、立ち向かう。これが新しい時代の日中関係を実現する、ひとつの大きな柱になるのではないでしょうか。

このように日中が協力・協働して、世界中の国々で自然災害から一人の命も失わない強靭な国土を作るための支援をつづけていきたいと思います。

ここ数十年間、中国は目覚ましい経済成長を成し遂げ、数億人単位の中間層が出現しました。私はほぼ毎年、中国を訪問しています。日々発展し、豊かになっていく中国人の生活ぶりや都市の活気を見て、そして人々の顔に穏やかな幸せを感じ、ご同慶の至りに存じているところです。

今後、日中は、目標を共有し、共に手を取り合って発展していく、そして「世界の中の日中関係」という観点をより強めていきながら、相互補完的で次元の高い、新しい日中の協力・協働の可能性を探るべきと考えています。

例えば、環境や省エネ問題です。

我々の世代は、きれいな空気と水、豊かな森と土が徐々に失われていく姿を世界中で目の当たりにしてきました。次世代にそうした地球を遺してしまうことほど、胸を痛めることはありません。

ならば、日本と中国は、貴重な経験と高い技術を活用し、地球の環境問題に対応するため、協力・協働していくべきです。

習近平主席も重視されている「生態文明」、環境に優しいエコ社会を、日中で協力して築いていけるのではないか、いや、築いていかなければならないと、私は確信しています。

例えば、知的財産。

中国における特許出願件数は、二〇一一年以降、世界第一位です。日中が連携して知的財産の保護を強化すれば、双方の中小企業も、安心して日中両国に投資し、仕事ができるようになります。日中のビジネス協力の裾野がまたひとつ拡がります。

例えば、衛生分野。

現在、習主席のイニシアティブにより、農村部で衛生トイレの普及を目ざす「トイレ革命」が進められていると承知しますが、日本が誇る高品質・高性能のトイレは、必ずやこの「革命」に貢献できるものと革新します。

中国の農村部に日本の先進的なトイレを試行的に設置し、その「モデルトイレ」を発信源として、「トイレは安らぎの場である」というある種の「意識革命」を、中国の全国津々浦々に広めていく。

こうしたことが実現すれば、先の党大会で習主席が打ち出された「すばらしい生活」

という中国の発展目標にも、日本として多いにお役に立てるものと考えています。

こうした相互補完的で、より高い次元に向かう日中経済関係をどうすれば構築できるか、そのためにはいかなる国内改革や二国間協力が必要か。そうした中長期的な課題について、率直かつ大所高所から語り合うためにも、七年前から閉ざされている「日中ハイレベル経済対話」の早期再開を強く期待しております。


私は、こうした日中の経済的な結びつきは、いまや「互恵」を超えて、未来を共に創るという「共創」の関係へと深化していると感じています。日中協力は、日本と中国だけにとどまらず、世界の平和と繁栄に寄与してこそ初めて、新しい時代の日中関係にふさわしいものとなります。

世界第二位と第三位の経済大国となった日中だからこそ、アジアや世界に貢献する責任があるわけですから。

安倍総理も、こう述べています。

「このアジアの旺盛なインフラ需要に日本と中国が協力して応えていく。これは両国の経済発展にとどまらず、アジアの人々の繁栄に大きく貢献するものです」と。

日中両首脳間で一致したとおり、第三国での日中ビジネス協力は、東南アジアの物流や質の高いインフラを整備していくために、日本と中国とＡＳＥＡＮとが連携し、日中のウィン・ウィンに、もうひとつのウィンを加える関係を構築する可能性を十分に秘めています。

もっと言えば、日本と中国の企業が協力して、共に東南アジアで汗を流す。決して想像し難い光景ではありません。

あるいは、防災協力。

昨年は、「世界津波の日」元年でした。私は、昨年一一月、日本で「世界津波の日」高校生サミットを開催し、世界二九カ国から、約二五〇名の高校生を日本に招待しました。中国からは六〇名の高校生が来日しました。

子供たちの防災意識が高まれば、必ずや将来の減災につながります。こうした取組を日中両国が一緒になって世界へ広げることこそ、地球規模での国際協力を日中がリードしていくことにつながります。

インドネシアでの津波、フィリピンでの台風、あるいはネパールでの地震。自然災害が多く発生するアジアにおいて、日中が手を携えて、防災の啓発活動をし、世界の国土強靭化に向けた輪を広げていこうではありませんか。

国交正常化の当時と比べると、いまは日中のパイプが細くなっているのは間違いありません。両国の未来を担う若い政治家や学者、メディア関係者、芸術家や科学者が、一人でも多く相互訪問し、直接交流すべきです。

国と国の関係は、突き詰めれば、人と人との関係です。そこに心の底からの信頼関係がなければ、共に発展することは考えられません。この人のためならなんとかしよう、あるいは、この人が言うなら汗をかこう、そう思える相手が一人でもいれば、相手の国への印象はガラッと変わるでしょう。

私は、日本の若手国会議員を、毎年必ず中国に派遣しております。日本と中国の次代の指導者となる人々がお互いに膝をつき合わせて侃々諤々の議論を交わし、ときにはケンカをするくらいでなければ、真の意味での相互信頼は生まれません。

四五年前、毛沢東主席にそう教わったではありませんか。ときには意見も異なり、ケンカもするでしょう。東シナ海をめぐるいまの情勢を見ればわかるとおり、引っ越しができない隣国同士ですから、お互い、負けたくない気持ちが高じて、難しい局面に陥ってしまうこともあるでしょう。

しかし、冒頭に申し上げましたが、どのようなときであっても、日中のあいだで、交流や対話を途絶えさせてはなりません。いつでも話し合える関係が必要です。

是非、将来の中国を背負って立つ中央党校の皆様、日本にいらしてください。日本の若手政治家と交流してみてください。我々は皆様を心から大歓迎します。

間もなく迎える二〇一八年、日中平和友好条約締結四〇周年という節目の年から毎年、中央党校の研修生を日本にご招待したい、そのように提案したいと思います。

『論語』には、次のような教えがあります。

「人、遠き慮りなければ、必ず近き憂いあり」

長期的な展望がなければ、目の前の困難も克服できない。そうした教えです。四五年前に、すぐれた日中のリーダーが、大局的な判断と政治的な決断を下したことで、歴史的な日中国交正常化が成し遂げられました。

当時の指導者たちが乗り越えた困難さに思いを致せば、我々両国の政治家は、こうした先人達の勇気、決断力、そして実行力に見習う必要があるのではないでしょうか。

あのころを超える新しい時代の日中関係にふさわしい恒久平和の未来ビジョンを打ち出すには、日本と中国の両国に強力なリーダーが存在する、いましかありません。

「ときの流れだからだよ」という四五年前の機内での田中角栄先生の言葉を思い出し、いまこそ、その「ときの流れ」をつかむべきです。

先月、安倍総理と習主席とのあいだで首脳会談が行われ、安倍総理は、そのときの様子を、

「習近平主席の言葉を借りれば、正に日中関係の新たなスタートとなる会談になりました。私もまったく同感であります」と述べました。

そのうえで総理は、

「早期に日中韓サミットを開催し、李克強《りこっきょう》首相を日本にお迎えしたい、そして、来年

私が適切な時期に訪中し、習主席にもできるだけ早い時期に日本を訪問していただきたい。ハイレベルな往来をつうじて、日中関係を新たな段階へと押し上げていきたい」と呼びかけています。

両首脳には、胸襟を開いて、日中関係の将来について、大いに語ってもらおうではありませんか。

「民を貴しと為し、社稷之に次ぐ」

すべからく政治は国民第一で進めなければなりません。これを約束できるのは、安倍総理と習近平主席という強いリーダーです。

そして、習近平主席は、先般の第一九回党大会で、「永遠に覇を唱えない」と発言されました。私はこの言葉を賞賛したいと思います。

「仁」と「徳」を重んじる日本と中国は、新しい幕開けとなる日中関係の新しい時代においても、共に民を第一に考える「王道」を進もうではありませんか

日中両国は、共に未来を創る「共創」の関係を深め、世界の恒久平和を目ざしていか

なければなりません。

新たなスタートを切った日中両国には、遠きを慮る、今後の道しるべとなるような長期ビジョンが必要です。そして空間的にも、世界において「遠きを慮る」高い視点が必要です。

これまでの「井戸を掘った」先人の想いを、いまの指導者、そしてここにいる次世代を担う皆様に託して、そして私自身はこれからも一層休むことなく奮励努力してまいることをお誓いして、私の心からの挨拶に代えさせていただければ幸いです。

ご清聴、誠にありがとうございました。》

いかがだろうか。長い引用となったが、二階俊博の歴史に残る名演説であると私は思う。

この中央党校というのは、中国共産党の幹部候補生たちを育成する機関であり、次代の中国という一大国家を背負って立つ人材が集う場である。ここで、二階俊博は、これまでの日中関係を長い歴史の視点でとらえ俯瞰しながら、その実態をつぶさに説明している。

日中国交回復を実現した、日本と中国の先人として、田中角栄、毛沢東、周恩来という指導的政治家の果たした役割の大きさを、若者たちに説明すると共に、日中両国の国民に対しても、なぜ、日本と中国が仲よくしなければならないのかをわかりやすく説いている。

この二階演説が行われた二〇一七年の五月には、習近平の一大政策である「一帯一路」構想にもとづく「第一回一帯一路フォーラム」が開催された。習近平国家主席にとっては、国際社会に対して今後の中国のあり方を大宣言するきわめて重要な国際フォーラムであった。

しかし、国際社会、ことに西側諸国は、中国が覇権主義を強める場であるとの理解から、主要国の首脳が参加しない状況であった。日本もアメリカにならい首相の不参加を表明していた。主要国の首脳ではロシアのプーチン大統領とイタリアのジェンティローニ首相のみが参加するという状況だった。

日本が参加しないという状況だったが、中国政府は二階俊博に招待状を送った。中国からの招待状を受けた二階俊博は、即座に参加を表明。このフォーラムに参加したのだった。

当時も二階俊博の近くにつねにいた林幹雄は、そのころのことをこう証言する。

《日本とアメリカは参加しないと言明していました。そこに中国政府から二階先生に招待状が来るわけです。二階先生は「もう、ここはお隣の国から、こうしてお誘いがきたのに、それを断るわけにはいかない」と即座に訪中を決意しました。

アメリカにならって不参加を表明していた官邸サイドからは、「できるなら二階幹事長には中国に行かないでいただきたい」というシグナルもありました。また、「この時期に訪中は避けたほうが好ましいのでは」という空気もあったのですが、二階先生は、断固として参加を決めたのでした。二階幹事長個人による「二階ミッション」です。

すると、経済団体の方から、「自分たちも参加したい」という申し出があり、さらには、経済産業省からも「副大臣を派遣したい」と申し出がありました。すると行ってほしくないという意向をそれとなく示していた官邸から「首相秘書官を二階ミッションに同行させてほしい」となりました。二階先生は、「行きたい方はどうぞ、ご一緒に」という姿勢です。それで、結局、日本からは首相は行かないものの、多くの人たちが二階先生とともにフォーラムに参加したのでした。》

この林幹雄の証言は、当時の雰囲気をよく伝えている。二階俊博の決断は、結果として中国政府と習近平を助けることになった。

だからこそ、二階俊博は国家元首ではないのだが、わざわざ習近平は二階俊博との個別会談の機会を設け、国家元首並みの礼を尽くす待遇で応じたのだった。二階俊博による議員外交の積み重ねがあったからこそ実現した習近平との会談であった。

この中央党校での二階俊博の演説は、日中両国の様々な課題について幅広く言及するだけではなく、現実的な内容を講演している。そして、いくつもの具体的な提案も行っている。

高邁な理念を掲げ、同時に地についた現実を丁寧に語っている。ここが二階俊博の真骨頂である。日本と中国の現在の課題にどう対応すべきかにとどまることなく、将来にわたって両国はどのようにしていくべきかを明快に述べている。

その意味で、この演説は、日中両国関係をどう構築していくべきかという観点において歴史に残る名演説だ、と私は思う。

4　二階俊博は、南方熊楠の和歌山魂と自立精神の継承者

二階俊博が南方熊楠と共有しているもの

三〇年ほど前、私は二階俊博後援会から招かれて、初めて南紀白浜空港に着陸した。私は南紀のすばらしさは文献で知っていたが、魅力的なところがあまりに多すぎて、真っ先にどこを訪問してよいかわからず、二階俊博に直接聞いたところ、打てば響くように「南方熊楠」という答えが返ってきた。二階俊博にとって南方熊楠は最も大切な人物だということが、私の心に響いた。

南方熊楠の資料が保存されている施設に案内していただいた。二階建ての建物は古く、あの偉大な世界的天才を研究する場としては質素すぎると思った。

建物のなかに入ると、資料がいっぱいで、体を横にしないと通れないほどだった。迎えてくれた責任者は超一流の学者だった。数時間にわたって南方熊楠の業績について説明を

受けたうえ、膨大な文献をいただいた。私は、この文献を読み切るために、約一カ月間、他の仕事はやらず、南方熊楠の業績を一生懸命に研究した。その結果、南方熊楠は神仏に近い卓越した人間であることを知った。

この勉強でわかったことは、それまで私が「彼は秀才だ」「この人は天才だ」と思っていた学者が、南方熊楠に比べれば、ごく小さな存在にしかすぎないことだった。まるで、南方熊楠という太陽が上ってきたために、それまで暗夜で輝いていた星が見えなくなるような感じであった。

南方熊楠こそは、私が学んできた日本のすべての学者を越えた大天才であることを知った。

南方熊楠を研究して知ったことは、学問的業績が巨大であり、同時に人物が大きく、かつ純粋であるとともに、いかなる権力にも屈しない強い独立精神の持ち主だ、ということだった。

このとき、私は、二階俊博の本質に触れた思いがした。二階俊博は政治の天才であり、人物が大きく、純粋な心と独立精神の持ち主である。南方熊楠と同じだと思った。

その後、三〇余年にわたって二階俊博と交際してきたが、南方熊楠を必死に研究したときに浮かんだ二階俊博の人間性のイメージは少しも変わらないどころか、二階俊博は南方熊楠の生まれ代わりのような感じをもって今日に至っている。

その後、田辺市内に完成した南方熊楠の記念館を見学した。立派な施設である。

南紀訪問の直後、紀の川市へ行き、華岡青洲を勉強した。約三〇年前から今日まで、三度、紀の川市の華岡青洲の墓に参拝した。その都度、友人の中村慎司紀の川市長に案内していただきお世話になった。華岡青洲に関する数多くの文献にも目を通した。その結果、「華岡青洲―南方熊楠―二階俊博」に連なる「世のため人のために尽くす」和歌山魂のような精神の存在を感じつづけている。

この和歌山魂の基礎には、和歌山の雄大な風土がある。第一に紀伊半島と太平洋の偉大な風景が生み出す、おおらかさ、寛大さ、和の精神である。第二に、和歌山魂を曲げることなく生き抜く強い独立精神である。

三〇年以上にわたる二階俊博との交際をつうじてつねに感じつづけたのは、二階俊博という人物の大きさ、おおらかさ、すべての人を包み込むようなやさしさと博愛精神である。

紀伊半島の独特の風土と文化に関係があるような気がしている。

紀州の風土と和歌山人の風格

洋の東西を問わず、古来、人が生まれ育った風土が、そこで育つ人に何らかの影響を与えるであろうことが指摘されてきた。「風土」とは、その土地の気候・気象・地形・地質・景観などの総称として用いられ、日本では古くは「ふど」という語で奈良時代には「風土記」(七一三年)の編纂が中央政府から命じられた。

西洋では古代ギリシャのイオニア学派の学者たちが、それまでの神話的世界観から脱し、土・水・空気・火の四要素で自然をとらえることを基盤として、人間社会やその地の民族性を論じる試みがなされた。その系譜として、アリストテレスも、『政治論』において風土と政治形態の関連に言及し、風土が人間形成に影響を与えることを指摘している。

以降、こうした風土と人間の関係については、中世・近代に至るまで様々な論及が試みつづけられた。ルネッサンスの旗手のモンテスキューは「風土の影響は決定的である」とした。わが国の風土論として著名なのは一九三五年に哲学者・和辻哲郎による名著『風土』がユニークな著作として知られている。

ともあれ、人が生まれ育った風土が人間形成やものの考え方に大きな影響を与えているという考え方は、歴史の流れのなかで人々が強く実感してきたことである。

二階俊博が育った和歌山県御坊市は紀伊半島の西側に位置し、温暖な気候で豊かな農産物・水産物に恵まれた地である。一方で、歴史的に厳しい自然の威力を痛感せざるを得ない幾多の試練をも経験してきた地である。

その紀州和歌山が産んだ人物として、歴史的に最も著名なのは、南方熊楠である。その南方熊楠と二階俊博は、比べてみると驚くほど類似している。南方熊楠は政治家ではないので、二階俊博を論じるとき、同じ平面上で考察されることがほとんどなかったが、私には、同じ精神を共有する師弟のように思えるのである。

現代の若者が最も尊敬する「知の偉人」——南方熊楠

最近、あるテレビ番組で現役東大生の「歴史上最も尊敬する日本人は誰か」というアンケート結果を報じたことがあった。

現役東大生が最も尊敬する「日本の歴史上最高の偉人」は、南方熊楠であった。二位が織田信長。以下徳川家康、豊臣秀吉などの武将の名が並んだ。

一位の南方熊楠は、いわば知る人ぞ知る大天才学者である。

南方熊楠は、一八六七年、和歌山県に生を受け、一九四一年に七四歳で逝去した。博物学者であり、生物学、民俗学にも偉大な業績を残した。とくに生物学者としては粘菌の研究に携わり、キノコ類、藻類、苔、シダの研究から高等植物や昆虫、小動物なども自身で採集して調査・研究を行い、それらを体系化する過程で生態学（ecology）の概念をわが国に最初に確立した人物でもある。

南方熊楠は、和歌山から上京後、神田の共立学校（現在の開成高校）、帝国大学予備門（旧制第一高等学校の前身。現・東京大学）に入学する。大学予備門の同窓生には夏目漱石、正岡子規、秋山真之、山田美妙、本多光太郎などがいた。その後渡米、さらに英国に渡り大英博物館において研究し、海外遊学期間は一九歳から約一四年間にわたり、数多くの論文や著作をあらわした。

エピソードとして有名なのは、世界的に定評のある科学雑誌『ネイチャー』に一八九三年、英語論文を発表し注目されたことだ。以降、生涯に『ネイチャー』において掲載された論文数は五一本を数え、これは現在に至るまで単独著者の最多掲載記録であるといわれる。その博識ぶりは、人をして「歩く百科事典」といわしめたほどであった。

南方熊楠の学問的関心は、そのスタートは生物学をはじめとする自然科学だったが、自然科学にとどまることなく、日本の民俗、伝説、宗教などをも研究対象とし、該博な知識を背景に、わが国における民俗学の嚆矢としても知られる。親しく交流のあった柳田國男は、南方熊楠を評して「日本人の可能性の極限だ」と述懐したという。

紀州人と南方熊楠

こうした南方熊楠は、紀州和歌山の人たちにとって郷里が生んだ「知の偉人」として深く敬愛され、現在も和歌山県西牟婁郡白浜町に「南方熊楠記念館」が設置され、その業績を現在に伝えている。熊楠の業績である貴重な資料を展示し、熊楠が発見した「粘菌」を顕微鏡で見ることもできる。一九六五年に本館がオープンし、熊楠の膨大な資料が収められている。白浜空港から車で二〇分ほどのところにあり、二〇一七年には鉄筋二階建てのエレガントな新館もオープンした。田辺湾を望む風光明媚な地に建てられている。南紀白浜の貴重な観光資源のひとつでもある。

こうして南方熊楠を顕彰する施設を残しているのは、いかに和歌山の人たちが南方熊楠を敬愛し、誇りに思っているかを象徴しているように思う。

この「南方熊楠記念館」の庭に設置された「南方記念館建設の碑」にきざまれた一文に、和歌山県民の熊楠への思いを読み取ることができる。

「吾等県民はこの君臣水魚の誉と南方翁の偉大なる業績を永遠に遺さんとし　風光絶佳しかも　陛下の御思出深き神島を指呼の間に望むこの地を選び（中略）昭和四〇年三月この記念館を完成　御製碑と両々相まって不朽の記念とした」

そして、この「南方熊楠記念館」だけではなく、熊楠が米英留学を終えて帰国後の一九〇四年から三七年間居住した和歌山県田辺市の南方熊楠邸に隣接する場所に「南方熊楠顕彰館」があり、熊楠の蔵書・各種資料が保存されている。和歌山県民は、建物として熊楠の業績を保存するだけではなく、恒常的に「南方熊楠ゼミナール」「熊楠に関する学習会」などを行い、郷土の偉人の精神をいまも脈々と伝えつづけている。

政治家・二階俊博と学者・南方熊楠の共通点

二階俊博も南方熊楠も、強靭な自立精神の持ち主である。和歌山魂の所有者である。

さて、この二階俊博と南方熊楠だが、二人の生きた舞台は政治と学問であり、表面的にはまったく異なった世界に見える。しかしながら、私には、この和歌山が生んだ二人に多くの共通項があると感じられてならない。二階俊博を歴史上の人物に擬するなら、南方熊楠に最も似ているのではないかというのが、私の見方である。二階俊博は政界の南方熊楠である。

まずは、その生き方の根底にある自立精神である。熊楠はいかなる権威にも屈することなく自らの学問的信念にもとづいて研究生活を全うした。世界的に卓越した学識をもってすれば、権威ある立場に就くことは容易だったのだが、大学教授等の地位を求めることは一切しなかった。

二階俊博も、自立精神をもって政界を生き抜いてきた。政治を志す者のほとんどが、政治家として最も魅力がある最高権力者としての総理大臣という権威を目ざしているが、二階俊博は独自の道を選んだ。二階俊博はトップへの野心を抱くことなく、どのような立場にいようとも、その政治姿勢は一貫して「世のため、ひとのための政治」を実現することにおいてきたし、いまもおいている。

そして、二人に共通するのは、その視野が日本国内にとどまらなかった点である。熊楠は自らの研究業績を英米をはじめ国際的な場に発表する開明性が顕著であった。そして熊楠の評価は海外において日本国内より高い評価が与えられている面もある。

二階俊博もまた、その活動を見ると日本の政治家には珍しい「個人としての外交・議員外交」を日常的に展開してきた。二階俊博は、日本国内の幅広い政治的課題を次々と処理し対応してきたこともありドメスティックな政治家として見られがちだが、これは真実ではない。この点、日本のマスコミは反省しなければならない。マスコミは二階俊博の発言や行動において、国内政治の表層のみを追いかけてしまっているが、間違っている。繰り返すが、二階俊博は単なるドメスティックな政治家ではない。二階俊博は、熊楠と同じく国際的視野をもち、自身の力のみで議員外交を地道につづけてきた。

以上のことは、実際に海外を訪れて多くの人たちに二階俊博の議員外交について取材を積み重ねた私の実感である。中国、韓国そして近隣アジア諸国の要人たちが、いかに二階俊博を信頼し尊敬しているかを私は痛感した。海外の要人が、二階俊博を最も信頼できる友人として大切に思っているという言葉を私は自分の耳で確認した。二階俊博は真の国際人であり、議員外交のパイオニアなのだ。

さらに、二人の共通項として他者の評価など気にもとめないおおらかさを指摘することができる。熊楠は、彼以前の研究では粘菌の分野で三六種しか記録がなかったのだが、熊楠はそこに数多くの種を追加した。だが、彼自身の発見としての記録・論文発表は行っていない。学術の世界においては、熊楠以降の学者たちが論文として発表し、新種発見の学術的評価は熊楠には与えられていない。しかし、熊楠の業績が否定されることはなく、現在も熊楠が残したメモや日記などから、まだ公表されていない熊楠の学問的業績を確認するための努力がつづけられている。南方熊楠は大人物なのである。

二階俊博も同様である。その政治的業績は枚挙にいとまがないのだが、二階俊博自身は自らの実績を声高に語ることは一切ない。もともと二階俊博は自分のことについて口数が少ない。聴衆を魅了する演説は巧みであり、座談では人をそらすことのない能弁な人間なのだが、自身の政治実績を自ら誇るようなことはしない。実績がすべてともいえる政治家としては損な役まわりではないかと思うのだが、そういうことは意にも介さないのだ。

また、不当な差別に対しては断固として闘いぬくという点でも、南方熊楠と二階俊博は共通している。

南方熊楠は、英国遊学時代の主な研究場所であった大英博物館内において、博物館内にいた閲覧者に東洋人であることを理由に人種差別発言を浴びせられたことがあった。熊楠は毅然として対峙し、多くの目撃者がいる前で頭突きをくらわせて三カ月の入場禁止処分を受けたという。一年後にも同じことがあり、大英博物館から追放されたが、熊楠の学才を惜しむ英国人たちから嘆願書が出され入場が再び許可されたという話が残っている。

つねに礼儀正しく紳士の態度を貫いている二階俊博も、この世の中にいまも残っている不当な差別に対しては、きわめて厳しく対処してきた。その姿勢は少年時代から堅持してきた強い信念にもとづいている。二階俊博は御坊中学校に在籍中、ある外郭団体が主催する弁論大会に出場し、島崎藤村の『破戒』を引用して人権問題について見事な弁論を行ったという。

すでに、少年時代から不当な差別を許さないという揺るぎない信念が形成されていた二階俊博は、政治家となってからもその姿勢を貫き、二〇一六年一二月九日に「部落差別の解消の推進に関する法律」が参議院本会議で可決、成立をみた。これは二階俊博が中心となって、血のにじむような努力を重ねて、ようやく議員立法で法律化されたものであった。国会でこの法律のために最前線で尽力した山口壯は、二階俊博の弟子であり同志である。二階俊博、山口壯らの努力によって「部落差別の解消の推進に関する法律」が制定された意義は大きい。

「部落差別解消」は、長年差別で苦しんできた和歌山県民にとって、悲願である。和歌山県出身の政治家・二階俊博にとっても政治家人生の中心課題であった。

二階俊博は、真の民主主義の政治家である。

二階俊博は、日本国民を代表する政治家である。

「和を以て貴しと為す」の十七条憲法の精神と「広く会議を興し万機公論に決すべし」の

五箇条誓文の精神の正統な継承者であり、自由・平等・基本的人権を守り抜く真の民主主義者である。二階俊博は、和歌山県人の宝であるとともに「日本国民の宝」である。

5　二階俊博は、幼少期は「神童」、高校生時代は卓越したリーダーだった

二階俊博は、和歌山県御坊市で育ち、御坊中学校から和歌山県立日高高等学校に進んだ。日高高等学校は、一九一四年に開校された創立一〇〇年を超す伝統校であり、和歌山県日高地方の教育の中核を担う学校である。旧制日高中学校時代から「文武両道と質実剛健」をモットーとし、文武両道、知・徳・体の調和のとれた人間性の育成で定評のある学校である。

平成二八年度から令和二年度まで、文部科学省からスーパー・グローバル・ハイスクール（略称SGH）に指定されている。二〇一八年には、地元和歌山で、「世界津波の日」二〇一八高校生サミットが開催され、日高高等学校はSGH課題探求授業で取り組んだ研究成果「Raising Awareness of Disaster prevention ～Let・s make our Networks～」を

発表し、非常に高い評価を受けた。同時に、このサミットの全体会で総合司会や議長をつとめたのも日高高等学校の生徒たちだった。母校の大先輩である二階俊博が心血を注いで実現した「世界津波の日」の世界的イベントで活躍したのが、その後輩たちであった。

二階俊博の評伝を書くことを、二階派の幹部と秘書から要請されたのは、二年前の二〇一八年のことで、このときから私は取材をはじめた。幼少期の二階俊博について知る人に、地元和歌山でもほとんど会うことができなかった。ただ、二人から証言を得た。一人は「二階先生は幼少期、頭がよく『神童』と言う人もいました」と私に語った。もう一人は「二階さんは、中学・高校時代をつうじて、ずば抜けたリーダーでした。普通の人とは違っていました」と証言した。二階俊博は、子供のころからきわめて優秀な少年だったのである。ただ、二階俊博は、幼少期・少年時代のことは、あまり語らない。

あるとき、私は二階俊博と懇談している途中、その高校時代のエピソードを本人の口から聞いた。自身のことにはあまり口数の多くない二階俊博だが、楽しそうに高校時代を回顧しながら語ってくれた。

二階俊博が日高高等学校に在籍中の一九五六年春の高校野球選抜甲子園大会に、日高高等学校が選抜され出場することになった。もともと、進学校で野球が抜群に強い高校でもなかった。戦前から旧制和歌山中学など、野球名門校がひしめく和歌山で甲子園に出場するのはきわめて困難である。日高高等学校は初の甲子園出場だった。

二階俊博は、そのとき、日高高等学校の生徒会長であった。生徒が自主的に学校生活を構築する伝統の学校でもあり、生徒会長である二階俊博は、甲子園での応援をどうするかを企画しなければならなかった。教員に頼らず、生徒が主体的に応援団を結成して甲子園初出場を支えることになった。

二階俊博は、「さて、どうするか」と困ったという。甲子園出場常連校のように常日頃から活動している応援団があるわけでもない。甲子園での応援に欠かせないブラスバンド部も日高高等学校にはなかった。

そこで二階生徒会長がまず行ったのが、野球の応援とはそもそもどのようにするものかをリサーチすることだった。当時は、野球といえば学生野球、ことに東京六大学野球に人気があった。だから、東京六大学出身者で地元にかえってきている人はいないか探したという。応援の雰囲気や応援のやり方を六大学出身者から取材しようというのだった。

甲子園初出場の応援方法を六大学出身者に聞こうという考えは、適切なものだったのだが、残念ながら地域に六大学出身の人を見つけることはできなかったという。ただ、ものごとを行おうとするとき、まず、確かな情報を収集しようとしたあたりは、高校生離れした発想であった。

そこで、二階俊博は、誰も予想もつかない方法を思いつく。なんと、「応援団がいないなら、女子生徒にみんなの前に並んで応援をしてもらおう」というのだった。いまでいうチアリーダーである。まだ、高校野球で女子生徒によるチアリーダーなどまったく見かけない時代だった。二階俊博の提案に、女子生徒たちは全員が、「そんなことできない。恥ずかしい。そんなことしたら、お嫁にいけなくなってしまう」と尻込みした。そこを、「大丈夫だ。嫁にいけないなんてことはない。いざとなれば、オレが相手を見つけてやるから」と二階俊博は説得したのだという。「いま、考えると無謀なことを言ったものだけれど、結果として、みんな結婚して幸せになったから、相手を見つけなくてもよかった」

と二階俊博は苦笑していた。

そして、いよいよ迎えた甲子園球場での本番は、初日の開会式直後の第一試合。相手は北陸代表の富山県立滑川高等学校だった。試合は白熱した大接戦となり、なんと「1対1」の引き分け再試合ということになった。再試合は翌日である。誰も予想しない事態だった。応援団の宿泊など考えもしていなかった。当然、準備もない。

まったく想定外の事態になったのだが、二階生徒会長は「京阪神に親戚や知人がいる人は、そこに泊めてもらって明日、また来てくれ。どうしても泊まるところがない人は、一度、和歌山に戻って、明日朝、また甲子園に来てくれないか」と頼んだのだという。突発的な事態に、高校生がこうも冷静に対応できたとは驚きである。本来は、教員や周囲の大人たちがするべきことを、高校生があっさりと行ったのだ。

そして翌日の再試合。もともと予定していた日程ではない。和歌山からの応援の人数も前日に比べると少ない。「これは、まずい」と考えた二階生徒会長は「鳴り物が必要だ。だが、わが校にはない。そうだ、ブラスバンドがないなら、ブラスバンドがある学校から演奏者ごと借りればいい」と考えた。

すぐに、第二試合のために待機している学校に、「なんとか、ブラスバンドでわが校の応援をしてくれないか。第二試合の応援練習にもなる。お返しに第二試合では、我々が応援させてもらうから」と頼み込んだ。二階俊博の熱意に押されたのだろう。第二試合校のブラスバンド部が日高高等学校の応援をしてくれたのだという。

その甲斐あってか、再試合は「2対0」で勝利となった。その後の二回戦では敗れたのだが、日高高等学校の甲子園初出場は、二階生徒会長のアイディアと抜群のリーダーシップによって、乗り切ることができたのであった。

二階俊博は、まず自慢話はしない。そんな彼が私に、青春時代の楽しい思い出として語ってくれたエピソードである。いままで、ほとんど紹介されていない二階俊博の少年時代の話であると思う。

本人は、何気なく語っているのだが、高校生のころから、ものごとに対処するにあたり適切な情報収集を行い、必要なものがないのであればどうすべきかを考え、突発的な事態に対してどう対応するか、そうしたことを自然にやってのけることができたのが二階俊博である。当時を知る人は「二階さんは天才だった」と言った。

こうした資質は、天性のものなのかもしれないと思う。なかなか普通の高校生では不可能なことばかりである。そして、このリーダーシップは長じて政治家として活動する際に、いかんなく発揮されていくのであった。

6　二階俊博の最近の発言に見る幹事長としての決意

二階俊博幹事長は、二〇二〇年「新年のご挨拶」（「自由民主」令和二年新春号）で、「謙虚」であることの大切さを強調した。

《昨年は八月の九州北部豪雨や台風一五・一六号などにより、全国各地で甚大な被害が発生した一年でした。被災地の一日も早い復旧復興を成し遂げていくために、何よりも大切なことはスピード感です。通常国会では復旧復興対策や経済の下振れリスクの回避、未来への投資を盛り込んだ「令和元年度補正予算案」ならびに「令和二年度予算案」を速やかに成立させることが不可欠です。

近年、これまでの想定を超えた自然災害が頻発しており、防災・減災、国土強靭化を、今後も強力に推進してまいります。

安倍内閣は八年目を迎えました。この間、GDPは六五兆円、企業収益は三五兆円、国・地方の税収は二八兆円、就業者数は三八四万人も増えています。日米同盟のさらなる強化、平和安全法制の成立、自由、民主主義、基本的人権、法の支配は確実に高まっています。

国内外から高い評価をいただいていますが、大切なことは「謙虚」「丁寧」でありつづけることです。学ぶべきところは謙虚に学び、正すべきところはしっかりと正していく。こうした姿勢を改めて心に刻み、政治を前に進めていかなければなりません。

昨年の統一地方選挙と参議院議員通常選挙では、国民の皆様ならびに党員・党友の皆様のご支援ご協力を賜り、大変良い成績を収めることができました。本年も各級選挙の勝利に向け、党の総力を結集し、戦い抜く決意です。国民の皆様ならびに党員・党友の皆様のご健勝とご多幸を心より祈念し、新年の挨拶といたします。》

右に紹介した二階俊博の「新年のご挨拶」は、自由民主党の機関紙である「自由民主」の令和二年新年号の冒頭に安倍晋三総裁の挨拶とともに掲載されたものである。政党機関紙への寄稿ではあるが、政権政党幹事長の発言であり、実質的には国民全体に呼びかけた挨拶と見なすことができるだろう。

このなかで二階俊博幹事長が最も強調したのは「謙虚に学び」「丁寧に政治を行うこと」である。

この二階俊博の短い文章のなかで、私は二階俊博の政治姿勢がよく読み取れるのではないかと思う。

まず、そのバランス感覚のよさである。いま、日本をはじめ全世界が直面しているのは、気候変動等を原因とする頻発する災害が大きな関心事になっている点に着目して、具体的にどう対応していくかを示している。

さらに、「防災・減災・国土強靭化」の大切さを改めて訴えている。そして、内閣としてこれまで実現した政策を具体的にあげ、内政だけでなく外交にも言及している。

重ねて強調するが、注目点は、二階俊博があえて「謙虚」「丁寧」でありつづけることの重要性を述べた点である。指導的政治家は、つねに国民に対して説明責任を負っている。昨今、顕著になってきている政治不信、若者の政治離れは、その原因の多くが政治家がこの説明責任を果たしていないからである。「正すべきところはしっかりと正していく」という二階俊博の決意は、その政治姿勢を端的に示すものだと私は思う。

二階俊博幹事長は、新聞・雑誌・テレビの取材に答えて、つねに平和の大切さを主張しつづけている。

『月刊 日本』二〇一八年三月号インタビューでこう語っている。一部を引用する。

《日本は戦争はできないんです。また戦争しちゃダメなんです。日本にできることは平和外交を貫くことです。

それ以外に手はありません。日本はさらに謙虚な姿勢を貫き、平和外交を展開していくということでなければならないと思います。

（中略）

［日韓関係についての質問を受けて］日本と韓国は歴史的にも地理的にも最も近い国です。これが地球の裏側くらい遠い国であれば、しばらく辛抱していればなんとかなるかもしれません。しかし、すぐそばにあるわけですからね。仲良くするしかありません。》

この端的な発言から、二階俊博が徹底した平和主義者であり、つねに世界の平和のために努力してきた政治家であることがわかる。

何回も繰り返すが、平和を守ることは、政治の最も重要な第一義的な任務である。私は、政治家を評価する尺度として、平和実現に対してどのような姿勢であるかだと思っている。平和を守ることに無関心であったり、あまり熱心でない政治家は、指導的政治家としての資質を欠くと考えている。

二階俊博は、「不言実行」の政治家であり、行動の人だと思う。孔子の言葉を借りれば、「剛毅木訥仁に近し」型の政治家である。不要な多言を弄することで自らを飾ったりはしない。人に媚びるようなことは絶対にしない。

しかし、二階俊博は右に紹介したインタビューにみられるように、「平和」については明快に「平和外交」の必要性を説いている。それも、このインタビューの発言のように、だれにでもわかる言葉できちんと平和の大切さを訴えている。

第二章　二階俊博は、ナンバー1を凌ぐ最高・最良のナンバー2実力者

1　実力ある「ナンバー2」という存在

二階俊博は真の「和の政治家」である。いたずらに政争に身を置くことをせず、つねに周囲との和を重んじ、何が政治において肝要であり、どうすることが国民にとって有益であるかを考えて政治の世界の中心で活動してきたのが二階俊博である。その姿勢は、国内政治の運営に限定されることなく、政治家としてのライフワークである平和のための議員外交の実践においても、相手の状況を重視し、つねに相手国にとってもプラスになるかたちでの外交を心がけている。国内でも海外でも「和を重んじる」姿勢を貫き、聖徳太子の「和を以て貴しと為す」を実践しているのが二階俊博である。

「二階俊博の目標は、若いときから、政界ナンバー2の自民党幹事長だった」と、若き日の二階俊博を知る人は語っている。そして、いまその若き日に立てた目的を達成し、自由民主党史上、初の四期連続の幹事長をつとめ、その通算幹事長在職期間は田中角栄を越えて二〇二〇年九月には最長を記録することになる。

二階俊博は、政治人生の最初から、最高位の総理大臣を目ざしていなかった、と古い知人は証言する。二階俊博は実力「ナンバー2」の自由民主党幹事長が自分の最終目標だと割り切って政治家人生を生きてきたと、私も思っている。二階俊博は自分自身をよく知っていたのだ。そして、トップを窺うための権力抗争のむなしさを知っていたのだと思う。真の賢さと忍耐強さがそれを可能にした。二階俊博は「ナンバー2」に徹することによって、つねに政治家としての理性と信念を貫き、純粋に国民に奉仕してきたのである。

内閣総理大臣になるには、国会議員であることは当然として、まず自民党総裁にならなければならない。自民党総裁になるためには総裁選に勝たなければならない。トップになるためには激烈な権力闘争を勝ち抜くことが大前提である。二階俊博は和の人であり、激しい権力闘争は好まない。その権力闘争がいかに不毛で意味のないものであるかを二階俊博は知っているからである。

だから、あえて「ナンバー2」の道を選んだ――というのが私の理解だ。二階俊博は、「ナンバー2」であっても、「ナンバー1」以上の仕事ができることを知っていたのだと私は思う。諸葛孔明や勝海舟の「ナンバー2」人生を、早くから知っていたのだ。

トップになるには、ときに、自らの理想を犠牲にしなければならないこともある。しかし、「ナンバー2」は自らの理想を堅持しつづけることができる。二階俊博は「ナンバー2」に徹することによって、自らの政治家としての信念と理想を貫いてきたのだと思う。

歴史を振り返ると、実力ある「ナンバー2」政治家は、ときに「ナンバー1」以上に活躍し、人類社会の歴史を創ってきた。諸葛孔明、勝海舟、鈴木貫太郎、三木武吉ら歴史に残る偉大な「ナンバー2」が果たした役割は「ナンバー1」に優るものである。二階俊博は、この系譜に立つ実力政治家である。

政治家論を語るとき、ほとんど言及されることのない、この「ナンバー2論」の見地から、二階俊博の政治家としての姿にアプローチしてみたいと思う。

2　ナンバー2実力者は、凡庸なナンバー1を超えて歴史を創る
——二階俊博は「諸葛孔明・勝海舟」型の「ナンバー2」型政治家

歴史が大きく動くとき、「ナンバー1」に勝るとも劣らない「ナンバー2」の実力者が登場することは稀ではない。歴史の転換期には、偉大な「ナンバー2」が登場するものである。このとき、「ナンバー2」は、決して脇役などではなく、時代を動かし歴史をつくる主役として大きな働きをしているのである。

こうした「ナンバー2」型で歴史に記録されるほどの大活躍をした政治家の代表的な人物は『三国志』の主役・諸葛孔明だ。孔明はきわめて高い能力を有しながら、トップを目ざそうとはしなかった。劉備玄徳の三顧の礼に迎えられて劉備の軍師となり、「ナンバー2」としてのつとめを果たした。孔明が後世の人間に深い感銘を与えつづけるのは、一切の私情をもたず、ひたすら大所・高所からものごとをとらえ、「ナンバー1」が進むべき方向を正しく示していたからに他ならない。国が誤りなく進むための羅針盤の役割をつつ

がなく果たすことができるのが優秀な「ナンバー2」である。

わが国に目を転じよう。江戸時代末期の代表的「ナンバー2」は勝海舟だった。幕末の混乱期、勝海舟の果たした役割は大きい。歴史に「もし」はないのだが、もしも勝海舟が存在しなかったとするなら、日本の近代化は不可能だったかもしれない。日本そのものの存在も危うかったかもしれない。

第二次大戦末期も日本にとって危機的な状態の時代であった。

第二次大戦末期と保守合同期における代表的な「ナンバー2」は鈴木貫太郎と三木武吉であった。二階俊博は、この二人の系譜に属する。私は、第二次大戦後の「三大ナンバー2」は、鈴木貫太郎・三木武吉・二階俊博だと思っている。

二階俊博は、勝海舟、鈴木貫太郎、三木武吉の生き方に似ているのだ。日本における代表的な実力「ナンバー2」政治家がこの四人である。

四人とも平和主義者であり、慈悲の心の持ち主だ。トップとの信頼関係を保ちながら、トップに苦言を呈することもためらわない強さをもっている。「是を是、非を非と言う」真っすぐな生き方を貫徹した点も共通している。四人とも高い誇りをもち、貫いた。

以下、歴史に登場する偉大な「ナンバー2」たちがどんな人生を歩んだのかを概観してみたい。

3　諸葛孔明——劉備を徹底して補佐した天才的軍師

一九三二年生まれの私が、小学校に入学したのは一九三九年四月だった。そのころには幼少年向けのやさしい本は読んでいた。そのなかに『三国志』があった。大人も子供も、みな『三国志』が好きでよく読んでいたものだった。

『三国志』の主人公は諸葛孔明である。そのころの日本でとくに人気があったのは諸葛孔明だった。『三国志』ファンの多くは、諸葛孔明のように生きたいと考えていた。

諸葛孔明（一八一〜二三四）とはいかなる人物であろうか。平凡社版『世界大百科事典』の「諸葛孔明」からの長い引用をお許しいただきたい（筆者は川勝義雄）。

《中国、三国時代の蜀国の丞相で、代表的な忠臣とされる。本名は亮《りょう》で諸葛亮としても知られるが、字の孔明のほうが有名。琅邪郡《ろうや》（山東省沂水県《ぎすい》）の出身であるが、早く父を失い、叔父に従って湖北省襄陽に割拠していた荊州長官の劉表のもとに寄寓し、晴耕雨読の生活を送ったが、その地の社交界では〈臥竜〉との評判を得ていた。たまたま劉表を頼って荊州に来た劉備は、その評判を聞くと二〇七年（建安一二）に孔明の庵を訪れ、三度目にやっと会見できた。

いわゆる〈三顧の礼〉にこたえた孔明は、劉備のために〈天下三分の計〉を説き、華北を制圧した曹操に対抗して漢室を復興するためには、江南に割拠する孫権と連合し、みずから荊州と益州（四川省）を確保して独立すべきことを勧めた。劉備はこの計略を喜び、孔明を不可欠な人物としてその関係を〈水魚の交わり〉にたとえた。二〇八年、南下してきた曹操の軍を前にして劉表は病死し、その子の劉琮が降伏したため、孔明はただちに劉備の使者として孫権のもとに行き、同盟の必要性を説得して、結局、赤壁の戦勝をもたらすことができた。

かくて天下三分の計の実現にのりだした劉備は荊州長官となり、孔明も長沙など三郡の監督にあたったが、二一一年に劉備が益州に入り、その地の長官の劉璋と対立すると、孔明も劉備を助けて蜀に入り、二一四年、劉備は成都を占領して益州長官になった。

二二一年（章武二）、蜀漢国が成立して劉備が帝位につくと、孔明は丞相となって補佐したが、二二三年、危篤に陥った劉備は後事いっさいを孔明に託して死ぬ。孔明は後主劉禅を補佐することを誓い、ひきつづき丞相として国事を主宰した。彼の目的は魏から中原を奪回して劉氏の漢室を復興することにあり、そのために呉蜀同盟を固め、南は雲南に及ぶ地域の異民族を平定慰撫して後方の不安を除き、物資の補給を容易にしたのち、二二七年（建興五）から魏に対する北伐に全力をあげた。

出陣に際して有名な〈出師《すいし》の表《ひょう》〉を後主にささげて忠誠憂国の心を吐露したあと、七年間を戦地に送り、しばしば関中に進出して魏の心胆を寒からしめたが、二三四年、五丈原（陝西省郿県南西）の近くで魏の将軍司馬懿《しばい》と対峙していたとき、病に倒れた。》

幼年期、私は少年用に作られた『三国志』を何度も読み、諸葛孔明こそ英雄のなかの英雄だと考えるようになっていた。

諸葛孔明は劉備玄徳と固い信頼関係で結ばれていた。玄徳の死後国王を辞退し、劉備の子劉禅に仕えた。あくまで「ナンバー2」を通した。二階俊博の場合の総理・総裁との関係は、『三国志』とは少し違うように思う。安倍晋三総理から三顧の礼で迎えられたわけではない。安倍総理が引きつづき幹事長就任を要請した谷垣禎一が自転車事故による怪我のため幹事長に就任できなかった結果だった。

二階俊博の実力が無視できないほどに大きいために、自然に自由民主党の幹事長になったのだ。安倍晋三総理と二階俊博の関係は劉備と孔明の関係とは違う。二階俊博幹事長には、安倍晋三総理の「ナンバー2」というよりも、自民党の「ナンバー2」という性格が強いのである。

二階俊博は「日本の保守政治のナンバー2」として、政治生活を貫いてきた。その政治実践力は、無視できないほど大きい。これができたのは二階俊博が、高い倫理観と崇高な理念と国の進路を誤ることなく決定していくという使命感を堅持した結果であると私は思う。

4　勝海舟——国内戦争の回避に全力を尽くし無血開城を実現

日本の江戸時代末期に歴史の大舞台に登場した勝海舟は、徳川慶喜の要請を受けて、幕府最高位の陸軍総裁となり、官軍代表の西郷隆盛と交渉し、江戸無血開城を実現した。当時の状況から考えると、江戸城を無血開城したことは、江戸の街を戦火から守り、当時、世界一の人口が集中していた江戸の庶民の生命・財産を守ったことになる。それだけでなく、外国の干渉を排除することにも成功した。勝海舟は日本を救ったのである。

勝海舟は徳川幕府の「ナンバー2」として徳川慶喜を守っただけでなく、江戸町民を守った。平和的な解決が成立したことにより朝廷と幕府との国内戦争は回避された。もしも朝廷と幕府とが全面戦争を起こせば、イギリスとフランスが参戦するおそれがあった。戦争になれば日本はイギリス、フランスの植民地にされる危険性が大だった。当時のイギリス、フランスの対外政策から考えれば、日本を戦争状態に導いて植民地化することは、英仏の国益にはかなうことだった。しかし、勝海舟は無血開城を実現することによって、日本の独立を守り抜いた。

私は、二〇代後半期に友人たちと、「勝海舟研究会」をつくり、研究したことがあった。勝海舟は傑出した人物である。

勝海舟とはいかなる人物か。『朝日日本歴史人物事典』の「勝海舟」(筆者・松浦玲)からの長い引用をお許しいただきたい。


《幕末明治期の政治家。名は義邦、通称は麟太郎、昇進して安房《あわ》守を称したが明治維新後に安芳と改称し、さらにこれを戸籍名とした。海舟は号。下級幕臣の長男として江戸に生まれた。父左衛門太郎(小吉)は自伝『夢酔独言』で知られる。従兄に剣聖男谷《おだに》精一郎。剣術に続いて西洋兵学を究めるため蘭学に志し、ペリー来航時には江戸で有数の蘭学兵術家だった。

安政二(一八五九)年から幕府の長崎海軍伝習に参加してペルス゠ライケンやカッテンデイケの教えを受けた。安政六年帰府すると軍艦操練所教授方頭取。万延一(一八六〇)年には咸臨丸の事実上の艦長として太平洋を横断。文久二(一八六二)年幕政改革の一環として軍艦奉行並に抜擢された。翌三年四月には将軍徳川家茂の大坂湾視察を案内して神戸海軍操練所設立許可を取り付け、これを幕府と南西諸藩「一大共有之海局」に仕立て、さらに欧米の侵略に抵抗する東アジアの拠点に育て上げようとの構想を持った。

元治一（一八六四）年五月神戸操練所発足とともに正規の軍艦奉行に昇ったが、同年七月の禁門の戦争以降の幕権保守路線に抵触して一〇月には江戸の召喚命令に接し、戻ると罷免されて寄合入りした。慶応二（一八六六）年第二次征長戦争に際して軍艦奉行に復任し、会津・薩摩間の調停や長州との停戦交渉に当たる。

明治一（一八六八）年鳥羽伏見で敗れた徳川慶喜の東帰後は陸軍総裁に昇り軍事取扱に転じて旧幕府の後始末に努め、東征軍の江戸総攻撃予定日の前夜に西郷隆盛と談判して戦闘回避に成功した。

一時は徳川家と共に駿府（静岡）に移ったが、新政府の相談に与って東京に出ることが多く、五年には海軍大輔、六年一〇月の政府大分裂のあとは参議兼海軍卿に任じた。しかし翌七年の台湾出兵に不満で辞任し、以後明治一〇年代にかけては完全に在野で西郷隆盛復権の運動などにかかわった。
二〇年伯爵、二一年枢密顧問官。明治政府の欧米寄りを批判しつづけて清国との提携を説き、日清戦争には反対だった。足尾鉱毒事件を手厳しく批判し田中正造を支援した。》

私は、二階俊博と勝海舟は、よく似ていると思う。勝海舟は二階俊博と同様、平和主義者だった。そして、アジア重視という点においても共通している。二階俊博は、日本とアジア諸国、とくに中国、韓国、ベトナム、インドネシア等の政治指導者と個人的な信頼関係を確立し、両国の友好親善のために大きな役割を果たしてきている。

その具体的な内容を、私は、中国や韓国を取材で訪問し、多くの要人にインタビューをして確認している。海外の要人たちが、二階俊博を日本の代表的政治家としてだけでなく、友人として敬愛し、強い信頼関係が結ばれている。二階俊博ほど国際的に広い人脈を築いた政治家は、日本の歴史においては、ほとんど例がないのではなかろうか。

5　鈴木貫太郎――昭和天皇を補佐して第二次大戦の終戦を実現した忠臣

鈴木貫太郎は一九四五年に昭和天皇の側近として昭和天皇の意思に従い、陸軍を抑えてポツダム宣言を受諾し、第二次世界大戦を終わらせ、多くの人命を救った。大日本帝国は連合軍に無条件降伏して敗北したが、昭和天皇を補佐して平和を実現した鈴木貫太郎の功績は高く評価されるべきことである。

もしも、一九四五年八月一五日に戦争を終わらせることができなかったとすれば、日本民族は滅亡していたかもしれない。少なくとも大多数の日本人の生命は奪われたであろう。鈴木貫太郎とはいかなる人物か。『朝日人物事典』の「鈴木貫太郎」（筆者・岡部牧夫）より引用する。

《海軍軍人、宮内宮、戦時下最後の首相。大阪府生まれ。一八八七（明治二〇）年海軍兵学校（一四期）、九八年海大卒。軍令部、海軍省勤務を経て、一九〇一年ドイツ駐在武官。海上勤務、海大教官ののち、一四（大正三）年海軍次官、一七年練習艦隊司令官、一八年海軍兵学校長。第二・第三艦隊長官、呉《くれ》鎮守長官を歴任し二三年大将に昇進、翌年連合艦隊長官・軍事参議官となり、二五年軍司令部長に就任。

一九二八（昭和四）年予備役編入と同時に侍従長兼枢密顧問官として昭和天皇の側近に長くつかえた。三〇年のロンドン軍縮条約問題では穏健派と目され、三六年二・二六事件で襲撃をうけて重傷をおった。同年侍従長を辞任、男爵。四〇年枢密院副議長、四四年同議長。四五年四月、小磯内閣のあとをうけ、圧倒的に不利な戦局のなかで昭和天皇の強い要望で首相に就任した。

八月一四日、ポツダム宣言を受諾して日本を戦争終結・降伏に導いたのち辞任。翌年まで再度枢密院議長をつとめた。元来、政治的野心をもたず、七八歳の高齢でやむなく政局を担当し、八月九日、一四日の二度の御前会議という非常の手段で軍部主戦派をおさえて太平洋戦争を終結させた点は評価できるが、首相就任以来七月二八日ポツダム宣言「黙殺」との談話が報道されるまでの鈴木の真意は必ずしも明らかではなく、結果として沖縄戦や原爆投下の災厄をもたらした政治責任については、昭和天皇の戦争指導と

も関連して、なお意見の分かれるところである。》

確かに沖縄戦の悲劇、広島・長崎への原爆投下、ソ連の参戦の前に、戦争を終らせることができなかったことは、いくら悔いても悔やみ切れないことである。しかし、昭和天皇を助けて終戦を実現した鈴木貫太郎の功績は、高く評価されるべきものである。

戦争という大きな過ちをおかした日本だが、その終結のため尽力した政治家がいたこと、終戦に導いた鈴木貫太郎を現代の日本人は、もっと知っておくべきだと私は思う。

結果として、鈴木貫太郎は、一億人に近い日本国民の生命を救った。不幸な戦争ではあったが、この戦争を終わらせた鈴木貫太郎は偉大な人物だった。戦争を終結させることは非常に困難な大事業であった。

6　三木武吉——歴史的な保守合同で政治の安定を実現した希代の仕事師

三木武吉は自由民主党の生みの親である。自由民主党は保守合同の結果生まれた。保守合同を成し遂げた最大の功労者が三木武吉だった。

私は、フリーのライターになった初期のころ、三木武吉の評伝を執筆するため、三木武吉について徹底的に研究した時期があった。その人生に深い関心をもち、当時はまだ存命していた三木武吉を実際に知る多くの人たちの証言を求めて、取材活動を行ったことがあった。

保守合同の経過を知る者にとっては、三木武吉の存在なしに保守合同は実現できなかったという認識もあり、三木武吉は自民党政治家にとって「神仏」のごとき存在であった。しかし、いまでは「三木武吉」の名前すら知らない若い政治家は少なくない。三木武吉は、保守政治家の政権をめぐる紛争を終わらせ、政治を安定させる保守合同という偉業を成し遂げた人物である。

この三木武吉とはいかなる人物か。『朝日人物事典』（筆者・今津弘）から引用する。

《政治家。香川県生まれ。一九〇四（明治三七）年東京専門学校（現・早稲田大学）卒。一二年弁護士事務所を開設。東京牛込区会議員を経て、一七（大正六）年衆議院議員に初当選、二四年憲政会幹事長になる。

この間、一九二二年から二年間の東京市議会議員時代に東京市政を左右する実力者となったが、二八（昭和三）年京成電車の市内乗り入れに便宜をはかった収賄容疑で正力松太郎らとともに逮捕され、三五年大審院判決で禁錮三カ月の刑が確定。この事件は三木のヒノキ舞台登場を阻んだだけでなく、戦後も吉田茂側近の佐藤栄作が同事件を弾劾、三木が最後の念願とする衆院議長就任を葬った。政界を一時離れ、三九年報知新聞社社長。四二年の翼賛選挙に非推薦で香川一区から当選。

戦後は日本自由党の結成に参加したが公職追放。五二年の総選挙で政界に復帰するや戦前の政敵・鳩山一郎を擁立し、反吉田の「八人の侍」を中核に自由党分派をつくって吉田政権打倒を画策。

一九五四年一一月改進党と合同して日本民主党を結成、一二月には吉田退陣を受けて待望の鳩山内閣を実現させた。官僚政治批判の時流に促された政権交代ではあったが、終始「鳩山の軍師」に徹した三木の智謀に負うところが多かった。五五年一一月一五日の自由民主党結成は不治の病を抱えていた三木にとって最後の大仕事だった。

一九五五年三月「政局安定・合同のためには鳩山退陣も辞せず」との車中談を発表。吉田・鳩山の確執で敵対状態にあった自由党大野伴睦を独特の弁舌で説得、合同への歯車を始動させた。首相は鳩山、総裁は鳩山、緒方竹虎、三木、大野の四代行委員の陣容で自民党が発足して翌年、政局安定を見届けて枯れ木のように他界した。当選一一回。総裁代行委員が生涯最高の地位になった。》

四〇年ほど前、私は、当時中央公論社が発行していた歴史誌の『歴史と人物』に三木武吉の評伝を書いたことがある。四〇〇字詰め原稿用紙で一〇〇枚の論攷だったが、私の三木武吉取材記録のほんの一部しか使うことができなかった。私は、当時まだ健在だった三木武吉の秘書や支持者数十人に取材し、三木武吉の真実の姿を調査した。三木武吉の元秘書には二日間にわたってインタビューした。

第二次大戦中、東条英機内閣に抵抗したため、東条内閣ににらまれた三木武吉は、瀬戸内海の小豆島に隠遁した。私は、その時代の三木武吉を知るため、約一週間小豆島に滞在し、三木武吉が過ごした濤洋荘に宿泊した。その後、一年間ほどかけて三木武吉を調べた。

その結果、三木武吉の偉大さを知ることができた。

三木武吉は、権力欲のかたまりになり狂気的になり理性を失った吉田茂内閣を倒し、鳩山内閣を成立させた。そのうえで保守合同を実現し、保守政党の抗争に終止符を打った。この結果、自由民主党は万年与党となった。さらに三木武吉の後輩の河野一郎は、鳩山首相を助けて、日ソ交渉を成功させた。日ソ国交樹立によって、日本は念願の国際連合加盟を実現し、国際社会に復帰することができた。これは三木武吉の没後のことではあったが、その基盤を築いた三木武吉の偉大な功績だと言って過言ではないと私は思う。

二階俊博と晩年の三木武吉は、よく似ていると私は思っている。ともに「和」の政治家である。同時に「真心」ですべての物事に対峙する政治家だ。三木武吉と二階俊博は、一切の私心を抱くことなく、ともに「神仏の心」をもって政治に取り組む姿勢を貫いている点でも、また『老子』的悟りの思想の持ち主という点でも、共通していると私は思う。

7　二階俊博――最長にして最良・最高の「ナンバー2」実力者

二階俊博は和と慈悲と恵まれざる民衆への深い愛をもって政治に取り組んでいる現在における第一級の政治家であると私は思う。

「ナンバー2」の系譜に属する二階俊博を、これまであげた偉人と同じく客観的に見てみることにしたい。

いまや二階俊博は日本政界を代表する超著名人ではあるのだが、二階俊博の簡単なプロフィールをここで紹介しておきたい。『政界要覧　平成三一年春号』より引用する。

《県議時代、関西空港特別委員長などをつとめた。昭和五八年衆院初当選。海部内閣で運輸政務次官に。平成五年自民党を離党し新生党へ。細川内閣で再び運輸政務次官をつとめ、新進党を経て自由党へ。

一一年の自自公連立内閣で運輸大臣・北海道開発庁長官をつとめた。小沢一郎の腹心の一人だったが、一二年保守党、一四年保守新党を経て一五年自民党へ。一九年安倍改造内閣、福田内閣で党総務会長、二〇年福田改造内閣で再度の経済産業大臣に就任、麻生内閣でも続投。

二四年伊吹派を引き継ぎ二階派を結成した。二六年九月再び総務会長をつとめ、二八年八月党幹事長に就任。二九年一〇月の衆院選も盤石の一二選。》

ここには、二階俊博の国際活動については触れられていないが、二階俊博の平和のための国際活動は、注目すべきものがある。とくに二階俊博の議員外交は、政府の外交を補完するだけではなく、政府間では対応しにくい様々な難題に対して、長いあいだの努力で築いた幅広く濃厚な人間関係を基礎に、友好的信頼関係を構築し諸問題の解決に努力し、難事を数多く解決した。

この意味で、二階俊博は、日本近現代政治史上、最高の国際政治家であると私は思う。

二階俊博は、政界における実力「ナンバー2」として長期間活躍してきた。これは、二階俊博の政治家としての際立った特徴である。

前述した、鈴木貫太郎、三木武吉は両者とも大人物であり、その業績はきわめて大きいものがある。しかし、この両者が「ナンバー2」として大活躍した時期は、あまり長くはなかった。勝海舟は幕末だけでなく、明治時代になってからを含めると、比較的長く活躍した。

この点で二階俊博は勝海舟に似ている。二階俊博が政権の「ナンバー2」として活躍している期間は二〇年にも及ぶ。二階俊博は長期間「ナンバー2」的役割を果たしてきたのである。政治の成果は継続によって達成されることを考えると、この長期間にわたって「ナンバー2」をつとめてきた意味は非常に大きい。

二階俊博が自由民主党政権の「ナンバー2」の役割を担ってきたのは、小泉純一郎内閣、第一次安倍晋三内閣、福田康夫内閣、麻生太郎内閣、第二次以後の安倍晋三内閣の約二〇年間である。とくに第二次安倍内閣においては、総務会長を連続してつとめたあと、幹事長を連続四期にわたってつとめてきている。

二階俊博の自由民主党政権における「ナンバー2」としての政治的貢献は、きわめて大きいものがある。

諸葛孔明、勝海舟、鈴木貫太郎、三木武吉、二階俊博は、いずれも自らは「ナンバー1」を目ざすことはなく、「ナンバー2」の立場に徹し、自らの理想を貫き、世のため人のため、平和のために尽くした実力政治家であった。現実政治の場で、「ナンバー1」以上の力を発揮し、国民社会に貢献した四人である。そして、二階俊博はいまも現役である。

8　二階俊博はナンバー1を目ざさない真のナンバー2実力者

戦後の歴史を振り返ると、池田勇人内閣・佐藤栄作内閣時代の田中角栄、福田赳夫、池田勇人内閣・田中角栄内閣時代の大平正芳のようなすぐれた「ナンバー2」が存在した。しかし、彼らはつねに「ナンバー1」を目ざしていた。「ナンバー2」としての立場は、「ナンバー1」に上り詰めるための足がかりにしかすぎなかった。そして、彼らは、実際、「ナンバー1」となった。「ナンバー1」を目ざすことなく、「ナンバー2」に終始、徹していたわけではなかった。その意味では、田中角栄、福田赳夫、大平正芳らは「真のナンバー2」政治家だったとはいえない。

また、中曽根康弘内閣の後藤田正晴、中曽根・竹下・海部時代の金丸信のような「実力あるナンバー2」も存在したのだが、二階俊博と比べると「ナンバー2」として力を発揮した期間は、きわめて短く、業績面においても、二階俊博には遠く及ばない。

勝海舟の江戸城無血開場による外国の干渉排除は、歴史に残る大偉業である。鈴木貫太郎の終戦実現は、日本を救う歴史的大偉業だった。三木武吉の鳩山内閣樹立と保守合同の実現も、歴史的大事業と言ってもいい。三木武吉の死の直後に、鳩山一郎と河野一郎が日ソ交渉を成功させ、日ソ国交回復を実現させ、日本の国連復帰を達成したことも含めて考えると、三木武吉の業績は偉大である。

二階俊博の業績は、観光立国、国土強靭化、日中平和友好関係の回復、議員・国民外交の展開などなど、あげればきりがないほどである。そして、そのいずれも巨大な業績である。三木武吉以後、これほど大きな業績をあげた「ナンバー2」はいない。二階俊博の具体的業績については後述するが、驚くほど巨大である。

偉大な「ナンバー2」は、歴史を創る。二階俊博は、観光文化日本を創り、近隣諸国との平和的友好関係を固め、国土強靭化政策を実現し、昭和・平成・令和の時代の政治を築いた偉大な「ナンバー2」である。

第三章　二階俊博の「ナンバー1」を凌駕する抜群の政治実績

他に類のない抜群の業績

二階俊博は、一九八三年に衆議院議員になって以来三七年間、つねに平和と日本国民の幸福のために努力してきた。そして、その努力を、目に見えるように、具体的に国民に寄与するかたちにして実現してきた。政治家は、口で政策を語るだけでは意味がない。崇高な理念と自己の信念にもとづいて、何をどう実践したかが大切である。政治家は、有権者の厳しい目が向けられるなか、国民一人ひとりの幸福を国家・社会という大きな視野からとらえて、よりよい世の中を創ることが使命である。

政治家が何を為しとげたのかは、言い換えれば、どれだけ国民に社会に国家にプラスとなる仕事をしたのかである。こうした政治実績の観点から見ると、二階俊博は、他に類を見ない抜群の政治実績をあげてきた希代の仕事師である。

それらを一つひとつ列挙するなら、きりがないほどである。二階俊博の政治実績の特徴は、その範囲がとてつもなく広い。政治家のなかには、運輸族、文教族、厚生族などといわれるような特定の分野を専門とし、ある分野のエキスパートとして知られる者もいる。それはそれで意味のあることであるが、二階俊博の場合、そうした狭い範疇ではおさまらない。以下に詳述するが、きわめて広範囲にわたって二階俊博は政策を立案し、それらを着実に現実化してきた。二階俊博は、ずば抜けてすぐれた政治のゼネラリストである。そして、そのいずれにおいても、各分野の第一人者として、つねに先頭に立って政治を牽引してきた。

では、なぜ二階俊博は、広く深く政治実績を積み上げることができたのであろうか。もともとの本人の資質が人並み以上にすぐれていたことは当然である。また、その活発な政治活動に耐えられる強靭な体と心を有する健康体であったことも理由のひとつだろう。そして、二階俊博は、いついかなるときも全力で物事に対峙する真面目さがある。どんな小さなことも、決しておろそかにはしないのが二階俊博なのだ。

こうした政治家として卓越した能力をもち、さらに、私がとくに痛感するのは、二階俊博の人格的卓越性である。生き方において倫理的卓越性があり、同時に知的優越性をも兼ね備えている。だから、二階俊博はスキャンダルとは無縁であるし、金銭的にもクリーンで、その清廉さは誰もが認めるところである。

人格的卓越性の具体的側面であるが、二階俊博は他者を傷つけるようなことを行ったり言ったりすることはない。人の悪口を言うことはない。これは偉大なことだ。

政治家の場合、どうしても意見が異なったり、立場が違うことが主な原因で「終生のライバル」「政敵」と称されるような人間がいることが多いのだが、二階俊博の場合、感情的に対立する存在はこれまでいなかった。今後もあらわれることがないだろう。

二階俊博が数多くの政治実績をあげることができたのは、すぐれた人格を有し、他者への思いやり、やさしさをもって生きてきたからだと私は思う。二階俊博が手がけた議員立法のなかには、全国会議員が満場一致で賛成したものが少なくない。また、野党時代に多数党の与党の議員を説得して立法化にこぎつけたこともあった。こうした事実は、二階俊博が所属政党や立場をこえて、誠心誠意、対応してきたことを意味していると私は思う。

さて、その二階俊博の政治実績の代表的なものを、私なりに分類して、以下に一一項目にわたって紹介してみたい。

1　三〇年かけて観光文化立国の実現を果たした二階俊博

二〇二〇年春現在、新型コロナウイルスの感染拡大によって、日本だけでなく世界の観光が、深刻な危機に直面している。しかし、新型コロナウイルス問題は必ず解決する。そのあと、世界と日本の観光は復活すると思う。二階俊博が推進してきた観光文化立国日本は、復活すると私は信じている。いずれにせよ、二階俊博の過去三〇年間にわたる偉大な業績が消えることはない。今日までの観光面における二階俊博の業績を振り返ってみよう。

いまは異常な事態になっているが、コロナ以前の、インバウンド四〇〇〇万人の到来が現実的なものとなりつつあった昨今では、「観光立国」、各地方や地域においても観光をその資源であるととらえ、政策の中軸におくことは、至極当然のことだった。

だが、観光が国にとって政策の主軸におかれるものだという考え方は、ずっと以前から存在したものではない。たとえば、いまから三〇年前の時期にさかのぼれば、その当時には、ほとんどの政治家が「観光は政治家が携わるものではない」と考えられていた。実際、そうだった。当時の政治家のなかで、「観光を政策の大きな柱にしよう」と考えていた政治家はほんの一握りしかいなかった。

しかし、二階俊博は他の政治家と違った。その約三〇年前に二階俊博は運輸政務次官に就任した。そして、その二年後には全国旅行業協会の会長に就任している。そして一九九三年八月に二度目の運輸政務次官に就任し、「日本の観光を考える百人委員会」を二階俊博は設置した。これは、観光について率直に意見を交換し、新たな視点で観光の未来像を構築していこうという明快な意図にもとづいてのものだった。この委員会は二階俊博が主催し、最高顧問には二階俊博の政治上の先輩の奥田敬和（当時・衆議院議員）と瀬島龍三（当時・観光政策審議会会長）が就任。さらに、観光運輸産業の経営者、地方自治体の首長、文化人、学者まで巻き込み、幅広い分野から一三〇名の参画をみる本格的な委員会となった。この試みが、後の「インバウンド四〇〇〇万人」現実化への第一歩だった。

その後、一九九九年一〇月の小渕恵三第二次改造内閣で、二階俊博は運輸大臣・北海道開発庁長官として入閣する。その翌年の二〇〇〇年五月には、日中文化観光交流使節団を組織し、二階俊博は五〇〇〇人の大訪中団による訪中を行い、二一世紀の日中観光交流時代の幕開けとなった。

また、二〇〇二年九月には「日中友好文化観光交流使節団」として、今度は一万三〇〇〇人という中国の度肝を抜くような規模で訪中し、日中国交正常化三〇周年を祝するイベントを行った。

二〇〇六年には、具体的に観光立国の実現を目ざす「観光立国推進基本法」の成立に尽力し、訪日外国人旅行者の拡大が国の基本政策として位置づけられた。

さらに二〇〇八年一〇月に二階俊博は三回目の経済産業大臣をつとめていたが、このとき念願の観光庁が設置された。行政改革の名のもとに、中央省庁の再編の一環として省庁の統廃合が大きな流れともなっているなか、新たに観光庁を設置することは難事業であった。しかし、観光政策を一元化するためには絶対に必要な観光庁であり、観光庁の存在は、その後の観光立国政策の推進に大きな力を発揮した。ここでも二階俊博の先見の明があったといえる。

そして、二〇一五年二月には、日韓国交正常化五〇周年を記念して、一四〇〇〇人規模で韓国を訪れた。同年、インドネシアにも一一〇〇人の「日インドネシア文化経済観光交流団」の団長としてジャカルタを訪問して、大交流会を開いている。インドネシアは、豊富な地下資源を埋蔵する国であり、急速な経済発展の途上にある。二一世紀の中頃までにアジアにおいて大きな存在となる将来的な成長力を秘めている。そのインドネシアと交流をもつことの意味は非常に大きい。

このように二階俊博が、観光産業にことさら力を入れてきたのは、世界平和のために観光立国とすることが大切だと考えたからである。二階俊博はつねに、「観光産業は平和産業である」と説きつづけてきた。観光の発展は「平和」が強まることであり、二階俊博は、世界平和のために観光立国論を提唱してきた。そして、それを実現させた。日本は世界に誇る一大観光先進国になった。政治家で、観光事業発展のために二階俊博ほど努力した政治家はいない。二階俊博が日本を観光先進国にしたと言って過言ではないと思う。

観光を国の基本政策にしようという二階俊博の考え方は正しかった。観光に携わる民間の人々の交流の力は、ときとして国家による外交の力にも匹敵するものがある。

そして、観光の力が偉大なのは、いま、大きな日本の問題となっている地方の疲弊を救う方途であることだ。観光の振興がなされ、海外から日本各地から人々が訪れるようになれば、その地方は豊かになる。経済規模の大きさ、視野の広さ、雇用促進を伴うこと、いずれの面からみても観光は、いまや日本の基幹産業に成長したと言っていい。事実、私は日本の各地を訪れるのだが、日本全国どこの県に行っても、どの市町村でも、すべての首長たちが、「観光での地域振興」を口にしている。

観光先進国になりつつある日本だが、その牽引役である二階俊博は、関係者や国民に基本的な考え方として警鐘を鳴らすアドバイスもしている。二階俊博の発言を引用してみよう。

《お客さんや観光客に来てほしい、自分の町に来てほしい、自分の旅行・観光の施設に来てほしいと皆が考える。これは当然のことで、その努力はされておられるわけだが、やはり観光というのは、自分は手をこまねいていてお客さんだけ、うまいこと来ればいいと思っているようでは駄目です。

観光といえば、客を誘致することだと思い込んで、地方の政治家も奮い立つわけだが、客を呼ぼうと思ったら自分も行かないと駄目です。そうした面で、もっと積極的に、外国を訪問する、旅行に出掛けるということを考えるべきだと思う。これは観光に携わる関係者が皆で呼び掛けて取り組んでいかなくてはならないテーマだと思っている。》

（「観光経済新聞」のインタビューに答えて。文責・森田実）

二階俊博の指摘は当たっていると思う。観光には付随する様々な要素がある。自分たちの有する観光資源の本当の価値は、やはり外国を訪問したり、国内でも他の地域を訪れてみることで新たな発見があるのではなかろうか。つまり、観光振興の本質は、双方向の交流を拡大し継続していくところにあるのであって、自分のところだけ沢山の観光客がやってきて繁盛させようという偏狭な考えではいけないということを、二階俊博は忠告しているのだ。

「観光」という言葉は、「光を観る」という意味を含んでいる。観光が盛んになれば、その地域は、世の中は光がさして明るくなる。観光は平和を助長し、平和な国でなければ成り立たない「平和産業」である。

私自身の話で恐縮だが、私は日本全国をくまなく旅し、国内はほとんどの地を訪れた。海外にも機会があるたびに訪問している。現在、八七歳だが、昨年も妻とともに中国・青島市を訪れた。私の人生そのものが旅と共にあるといっても過言ではない。そして、私は、その旅をつうじて多くのことを学んだ。机上で学べることには限りがあり、本当の姿がわからないこともある。ところが、旅をつうじて、その地の人々から、文物から、風景から学んだことは、なぜか深く身についているような気がする。

二階俊博が言うように、観光業に関係する人たちはもちろんのこと、全国民がいまよりもっともっと、外国に、日本の各地に出かけるべきだと私は思う。そして、政治家を目ざす若い皆さんは、ぜひできるだけ多くの地に足を運び、若い感性で様々なことを会得していただきたいと願う。多くの外国との双方向での交流こそが、観光立国としてさらに日本が発展していく大きな鍵となるだろう。

そして、私がとくに二階俊博の海外との交流活動において、大きな功績として特筆したいのが、日中友好の活動のなかで「大賀蓮」を中国各地に移植し、アジア文化圏に「蓮文化」を広めたことである。

二階俊博の高校時代の恩師・阪本祐二先生は「大賀蓮」の命名者である大賀一郎博士の弟子であり、阪本先生は大賀博士とともに古代蓮の発見と栽培に尽力されていた。そして二階俊博は、和歌山県会議員だったとき、阪本祐二先生の依頼で、和歌山県岩出町の緑花センターに大賀蓮の池を造ることに尽力した。さらに、衆議院議員になってから、中国の杭州植物園に大賀蓮を移植して日中友好の一助とする運動を展開した。さらに「東方蓮文化苑」を建立し、日中の協力により、アジアの蓮記念センターの建設に至った。海南島のボアオにも大賀蓮を植えた。

二〇〇四年には、二階俊博は中国大連市にある東北財経大学で「大賀蓮の由来と草の根交流の大切さ」について講演した。この大連は、大賀一郎博士が旧満鉄講習所の教官時代に、大連郊外の普蘭店で中国人から古代蓮の存在を教えられた地である。言わば大賀蓮を発見するきっかけの地だった。ここから、大賀蓮が二〇〇〇年の眠りから覚め、日本国内において蓮文化が広まった。この話を伝え聞いた普蘭店の蓮研究家が、二階俊博に一三〇〇年前の蓮の種をプレゼントした。二階俊博はその種子を東大植物研究所に依頼して開花に成功した。大連市の東北財経大学には、二〇一八年に私も二階俊博と共に訪問したことがあるが、「お帰りなさい。二階先生」と歓迎する東北財経大学との交流の底部に、こうした蓮文化をつうじての長い親交があったことが、私には非常に印象的であった。

二階俊博の「蓮文化外交」は、中国だけではない。ベトナムのハノイと関西国際空港との直行便が就航した際、二階俊博は初飛行便でハノイを訪れ、ハノイの国会議事堂建設予定地から、三〇〇年、四〇〇年前の遺構の瓦に蓮の花が描かれていることを知る。

蓮は「東洋の花」、「平和の花」、「仏教の花」として、蓮がアジア各国において「蓮の道」として歴史を生き抜いてきたことから、二階俊博は、この「蓮の道」を「平和の道」・「ロータスロード」と名付けた。

高校時代の恩師の遺訓を、忠実にそして世界に蓮文化を広めることで、平和実現に寄与してきた二階俊博の歩んだ「蓮の道」は、まだ十分に人々に知られていないが、大きな功績である、と私は思う。

二階俊博は自然美に関するすぐれたセンスの持ち主である。世界各国に桜の木を植えてきた。二階俊博が贈った桜の名所が世界各国にある。私も、二階俊博とともに海外で植樹したことが何回もある。

日本国内でも、東日本大震災の被災地には、二階俊博は自ら植樹してまわったところが多く、被災地を明るくしている。二階俊博は、全国各地に諸々の花を咲かせている。

二〇二〇年初、新型コロナウイルスの感染が拡大し、世界中が混乱しており、観光事業は大打撃を受けている。世界も日本も大危機に直面している。観光事業の未来に対する悲観論が広がってきている。

確かにこれは、世界と日本の観光産業にとって大きな試練であるが、乗り越えられないものではない、と私は思う。新型コロナウイルスの問題が一段落したとき、観光産業は必ず復活する、と私は信じている。

いまこそ、二階俊博の出番である。日本の観光業を守るため、日本国民の生命を守るため、二階俊博は全力で闘っている。二階俊博は、全国各地を訪ね、苦難のなかで苦闘している人々を激励してまわっている。

二階俊博なら、この危機を脱し、さらに観光産業が発展する道を切り開き、日本と世界の将来への展望を指し示してくれる、と私は信じている。

2 近隣諸国との平和友好のための旺盛な活動
——二階俊博は、多くの国民と共に平和友好活動を推進している

二階俊博は、中国・韓国・インドネシア・ベトナムなどの近隣アジア諸国と長年にわたって平和友好のために尽力してきた。アジア諸国だけではなく、ロシアやトルコなども訪れ、相手国の首脳、国民との交流をつうじて、世界平和につながる活動をつづけている。

次表は、私の依頼で二階俊博ウオッチャーの雑誌記者に近年の二階俊博の海外訪問リストを作ってもらったものである。これは、大新聞で報道された代表的なものだけで、この他に、この何倍もの国際交流活動、近隣諸国との平和友好活動を二階俊博は精力的に展開してきた。

同時に、海外から二階俊博を訪ねて来日する人々は数多い。そうしたものも含めると、

近年の主な海外訪問

年	月	訪問国	都市
2015	2	韓国	ソウル
	3	中国	博鰲
	5	インドネシア他	ジャカルタ
	5	シンガポール	
	5	フィリピン	マニラ
	5	中国	北京・大連
	10	中国	北京
	11	インドネシア	アチェ・ジャカルタ
2016	3	米国	ニューヨーク
	4	中国	北京
	5	韓国	ソウル
	7	チリ	サンチアゴ
	7	ペルー	リマ
	9	ベトナム	ハノイ
	9	インドネシア	ジャカルタ
	11	インド	デリー
2017	5	中国	北京
	5	トンガ	ヌクアロファ
	5	フィジー	スバ
	5	米国	ホノルル
	6	韓国	ソウル・木浦
	7	米国	ワシントン・ニューヨーク
	12	中国	北京・アモイ
2018	1	インドネシア	ボゴール・ジャカルタ
	4	ロシア	モスクワ・サンクトペテルブルグ
	5	中国	大連・成都
	8	韓国	ソウル・板門店
	8	中国	北京
2019	4	中国	北京
2020	1	ベトナム	ダナン

驚くほど多く二階俊博は平和友好のために活動してきた。この活動は、自民党が政権を失った野党時代においても変わらずつづけられていた。

議員外交、民間外交という側面では、二階俊博の右に出る者はいない。二階俊博が行っている国民外交は「人間外交」といわれている。「まずは人と人の交流が大事だ。人間と人間の付き合いがなくてはならない」という信念がその基盤にある。

そうした二階俊博の近隣諸国との平和友好については、本書でも各所に触れているが、私はここで、とくにその内容について述べてみたい。つまり、二階俊博流の平和友好活動が、他にはまったく例を見ない特別な性格を有している点である。不思議なことに、この点について日本のマスコミはきちんと取材していない。ほとんど報道していないのだ。

二階俊博の海外訪問団の特徴は、つねに大代表団を編成して訪問することである。三〇〇〇人、五〇〇〇人、ときには一万人以上という相手国が驚くほど多くの民間人を伴って訪問する。

ものごとを成就しようとする場合、「量質転化の法則」というものがある。人は、最少の努力で最大の効果をあげることが好ましいと考えがちだが、逆に圧倒的な量をもって臨むことで、質の向上を図ることができるという考え方である。国民外交を行う場合、この考え方は正しい。

二階俊博の海外訪問団は、まさしくこの「量質転化」を、近隣諸国友好において実現している。頭のなかで、「どのように友好関係を築いていこうか」と考える前に、まずは大集団行動、つまり多くの人が隣国を訪れ、その国の人々と直接に接することの意味は、想像を絶するほど大きな力を発揮する。それは、友好の「質」を向上させている。これこそが真の国民外交である。

何千人、一万何千人という訪問団ともなると、様々な属性の人たちの集まりとなる。経営者もいる。自営業者、サラリーマン、農林水産業に従事する人、観光業者、商工業者、家庭の主婦など、幅広いジャンルの人たちが、一挙に訪れることになる。その数多い人たちが訪問国で、様々なところで相手国の一般国民に接する。つまり、数多い人が訪れることで自然なかたちで民間外交が実現しているのだ。

相手国にとっては、何千人の人が一時に訪問してくることは、その経済効果もはかりしれない。それだけではない。訪問国の首脳から見ると、「これは、本気でやってきた訪問団だ」と認識せざるを得ない数の訪問団なのだ。

現に、二〇一五年五月、民主党政権の尖閣諸島の国有化という愚行によって日中関係が冷え切っていたとき、二階俊博は三〇〇〇人の大訪中団をつれて北京の人民大会堂で開かれた交流会に参加した。このとき、中国側は、二階俊博の日中平和友好の信念が本物であることを、この大訪問団によって再確認した。習近平国家主席は、日本代表団を歓迎するスピーチで、「中日の友好をさらに進めていきたい」と表明した。

これについて、二階俊博に同行した林幹雄は、私にこう語った。

「やはり、訪中団の三〇〇〇人という数が、習主席に大きなインパクトを与えたと思います。『中日友好といっても、口先だけや一部政治家が来るだけではない。これだけの日本国民が一挙に中国にやってきた。これは日本も本気だ』と習主席は考えたでしょう」

林幹雄が言うとおりだと私も思う。民主党の驚くべき愚行で冷え切った日中関係を戻すには、中国にとっても日本にとっても、きっかけが必要であり、大きな転換点がなければ不可能だった。その転換点となったのが、三〇〇〇人という大規模な二階俊博訪中団の存在だったのだ。

そして、私がとくに強調したいのは、二階俊博がこうした大訪問団とともに近隣諸国を訪れる際、そこに参加する訪問団の人たちに、どこからもその渡航費用が出るわけではなく、参加者一人ひとりが、それぞれ自己負担して参加しているという点である。

これは偉大なことだ。単なる義理では、決して少なくない費用を出してまで訪問団に加わってはこない。二階俊博の呼びかけに応じて、自分の財布から費用を出すということは、二階俊博の平和友好活動に心の底から共感しているからできることだと思う。これが、マスコミが伝えていない真実である。

二階俊博の海外訪問団に参加している常連の一人は、「二階先生は情の人。二階先生から話があれば、多少無理をしても参加します」と語った。二階俊博の人徳が、多くの人を惹きつけ大訪問団が実現しているのだ。

こうした大訪問団で訪れる意味は、真の民間外交という部分できわめて大きい効果がある。外交は確かに政府が中心となってやるものだ。しかし、政府外交、首脳や外交官によるものだけでは本当の友好関係は築けない。その底流に国民同士の交流が展開されなくてはならない。それも、目に見えるかたちでテンポよく友好関係が両国民のあいだに広まらなくてはならない。

これを二階俊博は、一般国民を含んだ大訪問団を実現させることでやっているのだ。二階俊博は、真の国民外交を展開している。二階俊博は、国民外交の先頭に立っているのである。

この二階俊博流の大訪問団による友好活動について、前駐日中華人民共和国大使の程永華は、私にこう語った。

「二〇一五年の前年末に、中日両首脳が『関係改善』を確かめ合いはしましたが、どこか盛り上がらない面もありました。それが二階俊博先生による三〇〇〇人の訪中団で、政治家個人だけでなく民衆に広く裾野が広がった交流が実際にあるという事実を中国国民に広く伝えることになりました。国交正常化の以前において『民をもって官を促す（民間の交流が政府の外交を後押しして補完する――森田記）』というスローガンがあったのですが、二階

俊博先生は、そうした『日中の民間外交』という伝統を、この大訪中団とともに、さらに広げたのです」（文責・森田実）

この程永華には、二〇一八年に私は中国大使館でインタビューしたのだが、程大使の語り口のなかに、二階俊博を中国人民の友人として深く敬愛していることがひしひしと伝わってきた。

二階俊博の国民外交には、情がある。熱がある。愛がある。相手国に対する尊敬がある。これこそが真の平和友好の国民外交である。

二階俊博には、各国に真の友がいる。中国でも、韓国でも、インドネシアなどＡＳＥＡＮ諸国でも、「私は二階俊博先生を兄として尊敬しています」と語る政治家と政府高官に会った。

二階俊博の外交は「真の人間外交」である。

3　二階俊博は、先頭に立って防災・減災・国土強靭化政策を推進した

二階俊博は「防災・減災・国土強靭化政策」を国政の中心にすえるという大きな政治的事業を実現した。これは高く評価すべきことである。二階俊博は、国会議員になった初期から、防災政策のエキスパートだった。二階俊博は和歌山県議会議員のときも防災政策をリードした。二階俊博は、それ以前の遠藤三郎代議士の秘書時代から防災のために幅広く働いていた。防災は、政治家・二階俊博のライフワークである。

近年、自然災害が多発し、日本各地に自然の猛威が襲ってきている。世界有数の地震国である日本は、第二次大戦後だけでも、一九九五年の阪神淡路大震災、二〇一一年の東日本大震災の被害は、多くの人の脳裏に深く刻みつけられ、いまもなお被災の被害から立ち直れない人々も少なくない。

防災・減災の重要性をだれよりも早い時期から指摘し、政治家として具体的な行動に立ち上がったのが二階俊博だった。また、各地で災害が起きたとき、だれよりも早く自ら現

地に赴いて、被災者に向き合い、できる限りの支援をしてきたのも二階俊博だ。

二階俊博は、災害が起こると、直ちに現場に駆けつける。つねに、そうしている。

二〇一六年一二月二二日に発生した糸魚川市大規模火災の際も、被災者生活再建支援法が適用されるように災害認定しようと奔走したのが二階俊博だった。全焼の場合、国から三〇〇万円、県から一〇〇万円の支援金が支給されるようにした。火災の場合には瓦礫処理は自己負担となるのだが、災害指定になれば自己負担はなくなる。二階俊博は、そこまで見通して糸魚川大火の事後策を講じた。火災に被災者生活支援法が適用されたのは、これが初のことだった。

このときのことを林幹雄は、私がおこなったインタビューでこう述懐している。

《災害指定するために、様々な方策を講じて、国としての具体的救済の方向性が定まるところまでこぎつけました。やれやれと思って、帰ろうとしたそのときです。

二階先生が、『現地の人たちは、さぞかし大変だろう。これから激励に行くぞ！』と。

年末です。飛行機に空席はなく、ようやく富山行の列車が一三席取れて富山に乗り込み、糸魚川に一二月三一日に入りました。糸魚川市役所で県知事や市長に、瓦礫処理の自己負担をなくす政府の方針を二階先生が伝えたのでした。

休みなく働き、出来る限り早く現場に行く。それが二階先生です。》

災害発生時の迅速な行動は、国内だけにとどまらない。二〇〇八年に中国で四川大震災が発生すると、二階俊博は、すぐにチャーター機を手配し、必要な支援物資を大量に積み込み、自らそのチャーター機に乗り込んで被災地に向かった。なんと、中国に日帰りという強行軍だった。このスピード感が二階俊博の持ち味である。

さらに、四川大震災の一〇年後、二〇一八年には、与党国会議員とともに四川大震災の被災現場を訪れ、震災による被害者の慰霊碑に献花して黙祷を捧げた。私も、このときに同行した。中国が震災のあとを保存し、後世に教訓を伝えようとしている事実を、同行した国会議員と共に私も強く認識した。

災害発生直後にも、そして一〇年後にも現地に直接足を運んでいるのが二階俊博である。

つねに現場主義に徹し、行動する二階俊博の姿に、防災・減災・国土強靭化に並々ならぬ決意をもって臨んでいることを強く感じた。中国国民は、この二階俊博を見て、深い尊敬の念を抱いている。

二階俊博の防災・減災・国土強靭化政策のなかで、注目されるのが「津波防災対策」である。二〇一一年の東日本大震災で尊い命が多数奪われたのは、三陸海岸など東北地方沿岸を襲った津波だった。

二階俊博は、二〇一〇年のチリ地震発生を受けた段階で、すでに津波防災のための立法が必要であることに気づいていた。当時、自民党は野党だったが、津波対策の議員立法を強く訴えた。しかし、当時、政権党だった民主党の反対で理解が得られなかった。それが、二〇一一年の東日本大震災のあと、ようやく「津波対策基本法」が全会一致で成立した。

今日、「津波防災の日」は一一月五日に制定されているが、「津波防災の日」を東日本大震災発生の三月一一日にすべきだという強い意見が当時の民主党にあった。しかし、二階俊博は断固として一一月五日を主張して譲らなかった。

私は、これは正しかったと思う。確かに現代の日本人には、東日本大震災の記憶は鮮明である。その被害の甚大さを思えば、忘れられない日である。一方、一一月五日は、一八五四年に和歌山県で起きた大津波の際、濱口梧陵が収穫した稲むらに火をつけることで早期に警報を発し、避難させたことにより多くの人命を救ったことに由来する日である。つまり、一一月五日は、成功体験の記念を意味する日なのだ。命を守った日を「津波防災の日」とする意味は大きい。二階俊博は「いなむらの火」の成功体験を重視したのである。結局、二階俊博の意見が通り、一一月五日が「津波防災の日」となった。以降、全国各地で一一月五日には、防災行事や避難訓練が実施され、津波に対する具体的な国民運動が定着してきている。私は、二階俊博の決断は正しかったと思っている。

そして、二〇一五年一二月には、国連の委員会に日本政府が先導して一四二カ国による共同提案を行い、なんと満場一致で一一月五日を「世界津波の日」に制定した。二階俊博と二階派の国会議員が先頭に立って努力した結果である。津波防災のための取り組みが世界中で行われるきっかけとなった。もし、日本における「津波防災の日」が三月一一日であったとするなら、これを「世界津波の日」に制定するのは困難であっただろう。ところが、一一月五日は、多くの人命が救われた成功体験の日だったからこそ、世界中が賛成したのだ。ここでも、二階俊博の卓越した先見性が見てとれる。

とくに二階俊博がすぐれているのは、こうした法制度の整備や国連での「世界津波の日」制定にとどまらない点だ。二階俊博はつねに将来を見すえている。津波防災において最も重要なことは教育であると考え、その教育活動を国際的規模で実践したことである。「世界津波の日」制定を機に、二〇一六年には世界三〇カ国の高校生が参加し、高知県黒潮町で「『世界津波の日』高校生サミット」を開催した。翌年には、島嶼《とうしょ》国を対象にした高校生サミットを沖縄で、二〇一八年には「いなむらの火」の舞台である和歌山県で高校生サミットを開き、過去最多の四八の国と地域から参加があった。この和歌山でのサミットでは、会議の議長をつとめ、ディスカッションを主体的に運営したのは、はからずも二階俊博の母校・和歌山県立日高高等学校の在校生たちであった。

「国土強靭化」は、集中豪雨、地震、異常な猛暑など様々な災害が起き、甚大な被害が生じている昨今、喫緊の政治課題である。近年の災害は、従来では考えられない場所や規模で被害が生じている。災害から国民の生命と財産を守ることは、いまや日本全体の共通認識になっている。「防災・減災・国土強靭化」は、日本政府の中心政策となったのである。

だが、こうしたことがずっと以前から認識されてきたわけではない。

現在の日本においては、「たとえ災害が起きても、一人の生命も失わない」ことを眼目として各種施策を講じることが当たり前とされるようになってきた。これこそ、二階俊博の功績である。まだ誰も国土強靭化を国の最大基本政策だとは考えなかった時期から、二階俊博は、「たとえ災害が起きても一人も命を失うことのない国をつくるべきだ」と強く訴えてきた。一人の命も失わせないということを基本理念においた二階俊博こそが、天才政治家といえるのではなかろうか。

二階俊博は、この理念を貫徹し、一人の政治家として、一人の人間として使命を感じ、その使命実現のためにすべてを捧げてきた。そうした二階俊博の努力が二〇一三年に「防災・減災等に資する国土強靭化基本法」として実をむすび、各種の災害に備えての対策や災害時における人命救助・経済・暮らしを守り育てる重要な社会インフラの機能維持などに、国をあげて臨むことができる態勢が整いつつある。国民一般の防災・減災に対する意識も向上しつつある。

そして、二階俊博は、「防災・減災・国土強靭化の本質は、国や地方公共団体だけが担うものではない。全国民が、地震や津波などの自然災害から自らの命を守るだけではなく、他者の尊い命を守るために自分が何ができるのか、また被害にあった人たちに寄り添い、どう手を差し伸べるべきなのかを、国民一人ひとりが共に考えるべきだ」と説いている。

この視点こそが大切である。なんでも政治まかせ、国まかせの姿勢では、本当の意味で防災・減災・国土強靭化は成し遂げることはできない。国の政策が、最終的には、各家庭が、一人ひとりが納得して、自然災害に対峙する生活を送らなければならないということを二階俊博は主張するのだ。

そのとおりだと私も思う。

だからこそ、二階俊博には、もっともっと国民のリーダーとして政治の第一線で活躍してほしいと私は強く願う。

4　二階俊博の自公連立政権復活への多大の貢献

――二〇〇九年八月三〇日と二〇一二年一二月一六日のあいだ

二〇〇九年八月三〇日は、衆院選で自公連立が敗北し、民主党が勝利し政権交代が実現した日である。一七日後の九月一六日に民主党鳩山由紀夫内閣が誕生した。

二〇一二年一二月一六日は、衆院選で野田佳彦民主党政権が大敗北を喫し、民主党政権が終焉した日である。自公連立勢力が勝利し、政権に復帰した。この一〇日後の一二月二六日、第二次安倍晋三自公連立政権が成立した。その後、安倍政権は三回の衆院選と三回の参院選に勝利し、長期政権をつづけている。

二〇〇九年八月三〇日の麻生太郎政権による解散総選挙で、自民党一一九議席・公明党二一議席、対する民主党三〇八議席という大差での大敗北を喫し、自民党は政権を失った。あまりの大敗北に、自民党政権の復活はありえないのではないかという空気が支配した。自民党政権が復活するとしても一〇年以上はかかるだろうと考えられていた。わずか三年三カ月で自民党が政権を取り戻すとの予想はほとんどなかった。

鳩山由紀夫新総理は日本政界の大スターとなり、民主党の実力者の小沢一郎幹事長はあたかも独裁者になったかのように振る舞っていた。二〇〇九年秋、民主党政権の鳩山由紀夫総理＝小沢一郎幹事長の「鳩山・小沢体制」は盤石のようにみえた。わずか九カ月後、まるで刺し違え心中のごとく、鳩山由紀夫総理と小沢一郎幹事長が共倒れするなどと予想する者はいなかった。当時は、民主党政権は半永久的長期政権になるという空気だった。

私には忘れられない記憶がある。

二〇一〇年一月の夕刻、私は、自由民主党本部の自民党国土強靭化総合調査会長の二階俊博と同副会長の林幹雄を訪ねた。自民党本部は、平日にもかかわらず真っ暗に近かった。電気がついていないのである。受付も警備員が一人いるだけだった。薄暗いなかをエレベーターで四階に着くと、ほとんど人がいない。新聞記者もいない。明かりがついているのはエレベーター前の国土強靭化総合調査会の部屋だけだった。国土強靭化総合調査会の部屋といっても、選対委員長室を仮に使用していたのだった。

なかにいたのは、会長の二階俊博と副会長の林幹雄の二人だけだった。職員もいなかった。

自民党本部は、あたかも幽霊屋敷のようだった。その後、何度も二階俊博、林幹雄を訪ねたが、この状況はほとんど変わらなかった。

その後、旧知の自民党本部のベテラン職員に会ったとき、「自民党はどうして電気もつけないのか。暗いままでは士気は上がらないのではないか。電気くらいつけたらどうか」と言ったところ、彼は言った。

「電気をつけたら、すぐ銀行の担当者から『電気をつける金があるなら借金を返せ』と催促される。麻生太郎内閣のとき、選挙に勝ちたい一心で借金に借金を重ねたためだ。銀行側は自民党が政権に返り咲くことなどありえないと思っているから、催促は非常に厳しい。二階俊博さんだけは銀行が来てもびくともしない。だから二階さんのいる部屋だけ明るいのです」

当時は、銀行までが「自民党政権の復活などありえない」と思っていたのだ。

それにしても、政権交代というものは敗北した側にとっては、大変厳しいことである。

政権を失うまでの自民党本部は、早朝から深夜まで人であふれていた。全国からの陳情団は絶えることはなかった。中央省庁の役人は、先を競うように自民党本部に通った。新聞記者も多かった。

しかし、政権を失った瞬間から、人が消えた。陳情団はすべて民主党本部へ殺到した。中央省庁の役人も民主党本部通いだ。もしも野党に転落した自民党本部へ行ったことが知られたら、出世コースからはずされるおそれ大である。新聞記者も自民党本部は見離す。二階俊博という情のある政治家に惚れ込んだ記者数人の姿は、自民党本部四階のエレベーターホールで時々見かけたことはあったが、淋しい風景だった。

こうした空気は党内にも広がり、自民党所属の衆参両院議員も、党本部から遠のいた。大部分の自民党国会議員が考えることは、自らの国会議員としての地位を守ることだけで、自民党政権の復活を考える議員は少なかった。

だが、自民党政権の復活を考え、このために活動をつづけた議員がいた。

一人は、当時の志帥会会長（現在の二階俊博会長の前任者）で、二〇一二年の衆院選の後に衆議院議長に就任した伊吹文明元幹事長である。伊吹文明は、次の時代における自民党のあり方を研究し、新時代の「党綱領」の作成に取り組んだ。これによって自民党国会議員の自民党への求心力を高めるために尽力した。

もう一人が、国土強靭化の調査・研究に取り組んだ二階俊博であった。私は「国土強靭化研究」に協力し、時々、会議に出席して、講演、執筆などを行うかたちで関与した。

私が、国土強靭化に自ら協力したのには、深い理由があった。私は、学生時代は資本論はじめ、もっぱらマルクス経済学を勉強し研究したが、経済学の雑誌編集者になったころ、ケインズ経済学を学び、日本は修正資本主義の道を歩むべきだと主張した。『経済セミナー』編集長になったとき、米国から帰国したばかりの宇沢弘文と知り合い、『経済セミナー』の常連執筆者になっていただいた。宇沢弘文とは、ある時期、非常に親密に交際した。よく一緒にビールを飲んだ。宇沢弘文はケインズ経済学者だったが、それをも越えようと努力していた。宇沢弘文が考えていたのは経済学そのものの大改革だった。スケールの大きなすぐれた学者だった。

私が「政治評論家」の肩書をマスコミから与えられて政治評論の世界に入ったのは

一九七三年初めだったが、それ以来、経済政策についてはケインズ理論を擁護する立場をとった。日本の行き方は修正資本主義が適していると考えたからだった。ところが、一九八〇年以後、日本は米英で高まった新自由主義革命の強い影響を受け、「自由競争至上主義」「官から民へ」「公共事業削減」の風潮が高まった。私は、「公共事業」の異常な否定は危険だと考え、新自由主義に走る日本の政治の過った傾向を批判し、『公共事業必要論』と『新公共事業必要論』を著し、過度の新自由主義への傾斜の危険性を指摘しつづけた。

このとき、陰に陽に、私の『公共事業必要論』を応援してくれたのが、二階俊博だった。二階俊博は自らの広く深い人脈を動かして、私のために、全国各地で出版記念会を開いてくれた。おかげで、同書は事実上のベストセラーになり、出版社から感謝された。「公共事業」否定の風潮が政界全体を覆いつくしていた状況下での私の言論への応援は、二階俊博のような与党の大幹部にとっては、政治生命を賭けた勇気ある行為だった。

だが、私の力不足のため、公共事業否定の政界の風潮を変えることはできなかった。私の挑戦は挫折した。二階俊博の恩情に報いることができなかったことに、私はいまも重い責任を感じている。

私の『公共事業必要論』の出版から約一〇年後の二〇一一年に、藤井聡が『列島強靭化論』を出版し、世間の共感を得た。この藤井聡の理論に注目した一人が、当時、野党になっていた自民党の幹事長だった大島理森だった。大島理森は同期の二階俊博に「国土強靭化総合調査会」の会長就任を依頼した。二階俊博は一日、熟考した結果、引き受けた。英断だった。

この調査会は、最初は、会長の二階俊博と副会長の林幹雄の二人だけだったが、福井照が加わり、事務総長に就任した。福井照は宏池会（当時は自民党古賀派、現在は岸田派）に所属していたが、二階俊博の同志として生きることを決意。宏池会を離脱し、しばらくのあいだ無派閥で過ごしたあと、二階派に入会した。いまは二階俊博幹事長の重要な側近である。

国土強靭化総合調査会の初期は、二階俊博、林幹雄、福井照の三人だけの会合だった。二階俊博が津波対策基本法案をつくることを決意してから、十数名の自民・公明の有志議員が加わった。野党の一幹部である二階俊博が、短時間のあいだに、与党の民主党を説得して全会一致で津波対策基本法を制定することができたのは、二階俊博の抜群の政治能力と広く深い人脈、そして説得力と二階流の「術」によるものだった。

公明党は、二階俊博が国土強靭化に取り組みはじめたとき、「防災減災ニューディール」政策づくりに入ったところだった。津波対策基本法制定で協力した両党幹部は、公明党の「防災減災ニューディール」と自民党の「国土強靭化」政策の一本化をはかり、「防災減災国土強靭化基本法案（略称）」を作成し、議員立法として国会に提出した。自公両党が野党時代に民主党への説得はほぼ完了していたが、成立は政権交代後になった。

自公両党は、「津波」「防災減災国土強靭化」の二法案だけでなく、「南海トラフ地震対策法案」「首都圏直下型地震対策法案」などいくつかの議員立法を成立させたが、この過程で両党は政策的に急速に接近した。自公両党幹部のあいだに強い信頼関係が生まれた。二階俊博はこの中心にいた。

二階俊博は、国土強靭化の議論を自民党内全体に広げた。これにより自民党中央本部の指導力が高まり、党に一体感が回復した。

二〇〇九年八月三〇日の衆院選で敗北したあと、自民党内はバラバラになった。愛党精神は薄れ、中央本部の指導力は弱まった。二階俊博の「国土強靭化総合調査会」がこの流れを変えたのである。最初は二階俊博、林幹雄、福井照の三人だけの会だったが、間もなく自民党衆参両院議員のすべてが参加するようになった。

自民党内が二階俊博や伊吹文明の努力で、党内態勢を整え、党の団結力を強めているあいだ、民主党内は分裂、分解の動きが拡大した。民主党政権の第一期のトップリーダーの鳩山由紀夫と小沢一郎が主導権争いで共倒れしたあと、第二期の菅直人内閣時代は、菅直人と小沢一郎が対立し、ついに小沢一郎は菅直人民主党と決別、小沢グループが集団離党し、分裂した。その菅直人は、独断で消費税増税に踏み切り、二〇一〇年の参院選で大敗北を喫した。ほとんど自殺的な行為だった。非改選議席を加えても与党は一一〇議席、野党・その他は一三二議席と、与党は参議院で大きく過半数を割り込む敗北だった。

民主党政権第三期の野田佳彦内閣は、反中国主義者の石原慎太郎らにそそのかされて、愚かにも、どんなことがあっても守るべき平和主義を放棄し、日本政府の側から尖閣紛争を惹き起こし、日中平和友好関係を破壊した。そのうえ、党内合意のないまま野田佳彦総理の独断で消費増税に踏み切ったために国民の支持を失った。さらに野田佳彦総理は、二〇一二年に民主党にとって最も不利な時期を選んだかのように、衆議院を解散した。民主党政権は自爆するかのように自ら滅んだのであった。その結果、自民党・公明党連合が政権復帰を果たした。

自民党・公明党の連立政権の最大の生みの親は、民主党指導者たちの〝愚かさ〟だったといえるかもしれない。しかし、それだけではない。自民党・公明党のベテラン議員たちの政権復帰のための必死の努力の結果でもあった。なかでも、野党でありながら、いくつもの重要法案を議員立法として成立させた二階俊博らの真剣な努力は高く評価されて当然である。

二〇〇九年八月三〇日の衆院選に大勝して政権の座についた民主党の指導者たちは、有頂天になっていた。理性を失い、節度なき派閥争いを繰り返して共倒れした。結局すべてを失った民主党は、あたかもキリギリスであった。これに対し、政権を失った自民党・公明党の政治家たちは、地を這う蟻の如く、ただただ一生懸命に汗をかき、働いた。毎日毎日、国民のなかに入り込み、対話し、国民のために何を為すべきかを真剣に悩み、努力を傾注したのだった。この汗をかく努力の先頭に立っていたのが二階俊博である。二〇一二年の自公政権復帰の最大の功労者は二階俊博である、と私は思っている。

少し横道にそれるが、とくに野党の指導者たちに忠告しておきたいことがある。結論から申し上げる――「政治家としての生き方を二階俊博に学べ」と。

野党の指導者たちには「私」が強すぎる。ところが二階俊博はつねに「無私」である。己を捨てて政治の大義である平和・博愛・忠恕を貫いている。野党指導者たちよ、二階俊博を心の師として、根本から出直しをはかるべきである。

自民党と公明党の政治家たち、とくに指導的幹部たちは、二〇〇九年八月三〇日の大敗北の日から、二〇一二年一二月一六日の衆院選の勝利の日まで約三年三カ月、不撓不屈の精神をもって耐え抜いた。

二階俊博は不撓不屈の楽観主義をもって、政権回復への道を進んだ。そして成功した。

二階俊博は、いま、政権与党の長期政権の「おごり」という「たるみ」を心配している。自由民主党政権が試練の時代に入ったことを鋭く認識している。二階俊博にとって、勝負のときが近づきつつあることを強く自覚している、と私にはみえる。

5　いわれなき差別の解消に全力で取り組む二階俊博

二階俊博は、善と正義の政治家である。この世の中に根強く残る不当な差別をどうにかしてなくしていきたいと、若き日より決意していた。

いわれなき差別の代表的なものが部落問題である。部落差別は決して過去のものではない。いまもなお、不当な差別で苦しむ人たちが現実に存在するのだ。

そうした現実を直視し、法治国家においては、法律をもって差別解消に取り組もうとするのは政治家の使命であることを二階俊博は誰よりもわかっていた。

この部落問題解決のための立法を目ざし、二階俊博は闘ってきた。

その過程を、私は「部落差別の解消の推進に関する法律」の議員立法において中心的役割を果たした自由民主党衆議院議員の山口壯に取材を試み、立法までの経緯を詳細に聞くことができた。以下は、山口壯よりの資料と証言によって記したものであるが、文責は、あくまで私・森田実にある。

部落問題に関する法律は、二〇〇二年に特別措置法が失効し、根拠法がない状態がつづいていた。二〇〇二年自民党内閣により提出された「人権擁護法案」は、その後の衆議院解散により廃案、その後、二〇一二年に、民主党内閣により「人権委員会設置法案」が提出されたが、またも衆議院解散により廃案となった。これを見ても、多くの政治家が差別撤廃のための立法化の必要性は感じていたことは推測されるのだが、実際に法律として成立させるのは、いかに困難であるかを示していた。

そうしたなか、二〇一六年二月に自由民主党内に「差別問題に関する特命委員会」が立ち上げられた。そのもとに「部落問題に関する小委員会」が設置された。その小委員会の委員長に就任したのが、山口壯だった。この困難な事業の推進役として、二階俊博は、その懐刀ともいうべき山口壯をあてたのであった。明晰な頭脳をもち、卓越した実行力の苦労人・山口壯を委員長に抜擢したことに、私は二階俊博の人を見る目の確かさを感じる。

当時、自由民主党総務会長であった二階俊博は、山口壯にこう命じたという。

「とにかく法案のかたちにして、一歩でも前に出ろ。廃案にしてはならない」

これまで、衆議院の解散というアクシデントに阻まれたとはいえ、どうしても立法化が実現しなかった現実を直視した二階俊博は、なんとか議員立法を成立させたいと山口壯を叱咤激励したのであった。山口壯は二階俊博の期待に見事に応えた。


立法化へ向けての作業は難航した。関係団体や有識者へのヒアリングを重ね、立法化の細部についての検討が種々、重ねられた。立法化にあたっては、「人権委員会」の設置をどうするか、罰則規定や財政規定を設けるかどうかなど課題は多かった。結局、「部落差別は決して許されないものであり、解消しなければならない。部落差別を解消しよう」という理念を明文をもって規定する「部落差別の解消の推進に関する法律」として、二〇一六年五月に通常国会に提出する。しかし、国会閉会までに参議院で可決成立の時間が足りないことから、あえて衆議院を通さずに継続審議とし、秋の臨時国会に引き継ぎ、同年一一月一六日、衆議院法務委員会で採決が行われ、共産党を除く全員の賛成で採択された。結果として二階俊博の「廃案にしてはならない」という一言が功を奏したといえるであろう。このとき、「二階幹事長の目に涙が光っていたように見えたのを、よく憶えています」と山口壮は語る。

そして衆議院本会議、参議院本会議で可決成立し、同年一二月一六日に公布された。二階俊博の長年にわたっての悲願が立法のかたちとなって差別撤廃へ向けて大きく一歩前進したのであった。

部落問題は一見、日本独自の国内問題のようにとらえられるかもしれない。しかし、米国のトランプ大統領がひどい差別発言を臆面もなく繰り返し、また様々なヘイトスピーチが展開されていることは世界中で問題になっている。世界秩序が流動化し、道徳規範の崩壊が顕著な世界情勢のなか、日本での「部落差別解消推進法」の成立は、「不当な差別のない社会を創出しよう」と日本から世界に発信することに繋がり、その意味は非常に大きい。

二階俊博という平等思想を持った正義の政治家が、差別撤廃に向け、地道に粘り強く、そして山口壯という逸材を起用して、大きな一歩を前進させたことは、日本のみならず世界にとって非常に大きな意味がある。

この二階俊博の強い思いを実現したのは、同志・弟子の山口壯であった。

二階俊博は、長い衆議院議員生活のあいだに、多くの議員立法を作成し成立させてきている。この「部落差別の解消の推進に関する法律」は、二階俊博作成の数多くの議員立法のなかのひとつであるが、最も力を入れた議員立法である。

以下に同法の全文を引用する。

《平成二十八年法律第百九号　部落差別の解消の推進に関する法律

（目的）

第一条　この法律は、現在もなお部落差別が存在するとともに、情報化の進展に伴って部落差別に関する状況の変化が生じていることを踏まえ、全ての国民に基本的人権の享有を保障する日本国憲法の理念にのっとり、部落差別は許されないものであるとの認識の下にこれを解消することが重要な課題であることに鑑み、部落差別の解消に関し、基本理念を定め、並びに国及び地方公共団体の責務を明らかにするとともに、相談体制の充実等について定めることにより、部落差別の解消を推進し、もって部落差別のない社会を実現することを目的とする。

（基本理念）

第二条　部落差別の解消に関する施策は、全ての国民が等しく基本的人権を享有するかけがえのない個人として尊重されるものであるとの理念にのっとり、部落差別を解消する必要性に対する国民一人一人の理解を深めるよう努めることにより、部落差別のない社会を実現することを旨として、行われなければならない。

（国及び地方公共団体の責務）

第三条　国は、前条の基本理念にのっとり、部落差別の解消に関する施策を講ずるとともに、地方公共団体が講ずる部落差別の解消に関する施策を推進するために必要な情報の提供、指導及び助言を行う責務を有する。

2　地方公共団体は、前条の基本理念にのっとり、部落差別の解消に関し、国との適切な役割分担を踏まえて、国及び他の地方公共団体との連携を図りつつ、その地域の実情に応じた施策を講ずるよう努めるものとする。

（相談体制の充実）

第四条　国は、部落差別に関する相談に的確に応ずるための体制の充実を図るものとする。

2　地方公共団体は、国との適切な役割分担を踏まえて、その地域の実情に応じ、部落差別に関する相談に的確に応ずるための体制の充実を図るよう努めるものとする。

（教育及び啓発）

第五条　国は、部落差別を解消するため、必要な教育及び啓発を行うものとする。

2　地方公共団体は、国との適切な役割分担を踏まえて、その地域の実情に応じ、部落差別を解消するため、必要な教育及び啓発を行うよう努めるものとする。

（部落差別の実態に係る調査）

第六条　国は、部落差別の解消に関する施策の実施に資するため、地方公共団体の協力を得て、部落差別の実態に係る調査を行うものとする。

附　則

この法律は、公布の日から施行する。》

この法律の意義の第一は、「全ての国民に基本的人権の享有を保障する日本国憲法の理念にのっとり、部落差別は許さないものであるとの認識の下にこれを解消することが重要な課題である」と第一条（目的）に明記したことである。

第二は、「差別のない社会を実現する」ことを、第二条（基本理念）に明記したことである。

第三は、部落差別の解消のための対策を講ずることを国と地方公共団体に義務づけたことである（第三条）。

第四は、「部落差別を解消するために必要な教育と啓発の努力」を国と地方公共団体が行うべきことを明文で規定したことである。

二階俊博は、長いあいだの大きな課題のひとつを、この法律で実現したのである。

読者諸兄姉のなかには、この法律の存在を知っている方も多いだろう。しかし、法文を詳しく読む機会は案外なかったかもしれない。この機会に、ぜひ熟読していただくことを願う。とくに、現在政治に携わっている人たち、これから政治家を目ざす人には、よく読んでいただきたいと思う。

6　二階俊博は東洋医学を長年にわたって支援してきた
――鍼灸マッサージ師会最高顧問として尽力

二階俊博は医学・医療についてもつうじている。東洋医学にも西洋医学にも詳しい。西洋医学と東洋医学の協力によって、国民の健康を守りたいと考え、陰に陽に努力している。

西洋と東洋で一致していることがある。

「健康」を「人間にとって最も大切なもの」と考える思想だ。

西洋文明の形成に最も大きな役割を果たした思想家のアリストテレスは、代表作『ニコマコス倫理学』のなかで、人間の幸福を定義した。

――第一は「健康」、第二は「愛する者と共に生きること」、第三は「神のごとき心で生きること」

「健康」が幸福な生活の第一の要素なのだ。

人間の社会的活動の目的は、この世に「善」を実現することである。アリストテレスは、政治の目的を「最高善」の実現にある、と定義した。「最高善」とは「国民の幸福」だ。このために、政治は努力しなければならないのだ。すなわち、人類の幸福を守ることは政治の最も重要な課題である。

東洋文明においても「健康」は最も重要なものだ。中国古代思想のなかの最重要文献のひとつ「周礼」のなかに、政治の目的は「康楽和親」「福寿康寧」の実現にある、と指摘した記述がある。

「康楽和親」の意味は、「人々が健康にして心安らかな長寿を全うできる平和な社会を造ることが政治の目的だ」ということだ。「福寿康寧」も同じ意味だ。直訳すれば、「この世で最もめでたく幸せなことは、心身ともに健康に生き、長寿を全うすること」だ、という意味である。

「周礼」とは「周の礼儀」という意味だ。中国儒教の元祖は孔子と言われているが、孔子より五〇〇年前に孔子が尊敬した聖人政治家がいた。「周公」または「周公旦」と呼ばれる。周公旦の目ざした国は、平和な、人々が健康で心安らかな長寿を全うできる道徳国だった。この周公旦の理想主義を継承し発展させたのが孔子だった。孔子と弟子たちの言葉を整理した本が『論語』である。

中国においても、健康は最も大切なことだった。

西洋でも東洋でも、人類の生存にとって健康を重視する姿勢は変わらない。したがって、生命を守り健康を維持するための医学・医療は、社会において最も大切なものと考えられてきた。しかし、西洋と東洋では医学・医療は、異なるかたちで発展した。

西洋においては、ユダヤ教、キリスト教、イスラム教の宗教思想とギリシャ以来の科学思想に基礎をおいた西洋医学が形成された。西洋医学の最大の特徴は、人体を脳、心臓、胃腸、手足など人体「部分」の集合体として見ているところにある。西洋医療は、悪化した部分を治療するか切除することによって生命を守る、という思想を基礎においている。

これに対して、東洋の医学は、身体全体を重視し、体全体のバランスをとることによって健康維持をはかるという考えに立脚している。鍼と灸は、東洋で発展したが、人体全体の「気」の流れを活性化することによって健康維持をはかるという療法である。

マッサージは東洋でも西洋でも健康維持で有力な療法として発達した。

今日、日本の医療制度においては、マッサージは西洋医療の療法として位置づけられているのに対し、鍼と灸は東洋医療として取り扱われているのは、こうした歴史に由来している。

日本では、古代において中国医療が朝鮮半島をつうじて入ってきた。この中国医療が日本的なものに変化・発展して、独特の日本医療として進化し、日本社会に定着した。

しかし、江戸時代中期、オランダの医学が日本で紹介されると、幕府のなかに西洋医療を推進する傾向が強まった。江戸時代末期には、漢方医療と蘭方医療が併存するようになった。

明治維新後、明治政府は西洋医学を日本医療の中心にすえる医療政策をとった。文明開化、西洋に追いつこうとする当時の日本の一般的風潮が医療面でも垣間見られる。帝国大学医学部、各種の医科大学を設立し、医学教育に取り組んだが、その内容はすべて西洋医学だった。明治政府は、一時期、東洋医学を排除する極端な政策をとった。このため、二〇〇〇年間日本人の健康を支えてきた東洋医療は下火となった。だが、伝統の力は根強く、草の根の日本人のあいだでは、漢方医療は生きぬいた。少数の東洋医学の推進者の努力もあり、東洋医学は粘り強く存在しつづけた。

しかし、歴史は繰り返す。一九四五年八月一五日の日本敗戦直後、日本は米国など連合国の占領下におかれた。占領軍は、東洋医療を禁止しようとした。日本の医療を西洋医学だけに一本化しようとした。勇気ある東洋医学者と研究者の激しい抵抗により、東洋医学はなんとか生き残ることができた。東洋医学を支えた力は草の根の日本国民のなかに根付いていたのだ。日本国民は、伝統的な東洋医療を、自らの健康維持のために日常的に使いつづけていた。

だが、東洋医学の苦難はつづいた。第二次大戦後に整備された医療保険制度において、不当な差別を東洋医学は受けたのだった。西洋医療は医療保険制度に支えられ、広く普及したが、東洋医療は保険制度からはずされていたのだ。保険制度の適用があるかどうかは、医療を受ける際に大きな違いをもたらす。保険制度の対象とならない東洋医療は、医療を受ける機会という点で、きわめて不利な立場におかれたのだった。しかし、鍼灸マッサージは、草の根の国民の根強い需要と鍼灸マッサージ関係者の献身的な努力によって、日本において消滅することなく、生きつづけた。

こうした鍼灸マッサージを応援しようと立ち上がったのが、二階俊博だった。二階俊博は、以上に述べた東洋医療と西洋医療の歴史を十分に知り尽くしている。二階俊博は驚くべき博識である。

東洋医学に対する差別を可能な限り解消するため、鍼灸マッサージ師会最高顧問として、二階俊博は、東洋医療を全面的にバックアップしつづけてきた。

東洋医学の重要性を理解し、また、鍼灸マッサージに携わる人々の労苦を誰よりも知る二階俊博は、厚生労働行政における法制度の改正などをつうじて、少しずつ東洋医学を国民のために活用しやすい制度整備に尽力してきた。

二階俊博が、鍼灸マッサージ師会の最高顧問に就任したのは、二〇年以上も前のことである。一般に政治家が、各種団体の顧問や相談役として名を連ねる場合、意識するかどうかは別にして、選挙において自身を支持してもらえることは大きい要素だろう。だが、二階俊博は、そうした利害とは離れたところで、鍼灸マッサージ師会ならびに、鍼灸マッサージをはじめとする東洋医学に携わる人たちを支えようとしてきた。

二階俊博は、日本国民の健康増進のために、「世のため人のために」、鍼灸マッサージ師会を目立たぬ形で支援してきたのだ。

この功績は、地味ではあるが、きわめて大きい。恵まれざる人々に光を当てるのは、それが国民全体にとっても健康増進に資するものであるからである。

これは、二階俊博の政治家としての実績のなかで、非常に大きなものだと私は考える。

全和歌山県針灸マッサージ師連盟会長・全日本針灸マッサージ師連盟幹事長の宇須章生は、二階俊博への深い感謝と尊敬を私に語った。損得を一切抜きにして、東洋医学のために尽力しつづけている二階俊博を私は立派だと思う。

二階俊博は、多くの鍼灸マッサージ師から、神仏のごとく尊敬されている。

7　二階俊博は、「選挙」の天才的な最高のプロで日本政界の第一人者

選挙は民主政治の基礎である。議会の政治家になるためには、選挙に勝たなければならない。選挙に弱い政治家は、他の分野においてどんなに優秀であっても、政治家として大成することはない。

昔、政界でよく使われる言葉があった——

「猿は木から落ちても猿だが、政治家は選挙に落ちたらただの人」

選挙は政治家個人にとってだけでなく、政党にとっても重要である。選挙結果に党の命運がかかっている。

政治史を振り返ると、選挙プロ・選挙参謀の存在はきわめて大きい。私が政治評論活動に入ったのは、一九七三年初めだったが、大幹部は皆選挙に強かった。同時に、すぐれた選挙プロだった。最高の選挙プロとみられていたのは田中角栄総理だった。当時、党側に

いたのは橋本登美三郎幹事長、竹下登筆頭副幹事長、石田博英国民運動本部長、江崎真澄幹事長代理、奥野誠亮総務局長らだったが、すべて一流の選挙プロだった。自身の選挙も強かった。選挙プロとみられている党幹部は田中派のなかに多かった。とくにすぐれていたのが田中角栄だった。田中角栄は、選挙は心で戦った。当時は中選挙区制だったが、田中角栄は選挙情勢を隅から隅まで知っていたように私には感じられた。田中角栄自身、自らの選挙区の草の根に強い地盤を築いた。

田中角栄の弟子の二階俊博は、田中流選挙術の最も優秀な継承者である。選挙術の面でも二階俊博は田中角栄の弟子である。田中角栄と二階俊博に共通するのは、選挙で最も大切なものは国民大衆への愛だという思想である。二階俊博も、現在の小選挙区制下の全国選挙情勢を知り尽くしている。抜群の情報収集能力であり、おそるべき記憶力の持ち主である。

昔、選挙プロのあいだでよく使われた言葉がある。

「彼を知り己を知れば百戦して殆《あや》うからず。彼を知らずして己を知れば一勝一敗す。彼を知らずに己も知らざれば、戦うごとに必ず殆うし」

孫子の兵法の極意である。

一九九〇年代までの選挙プロたちは、孫子、マキャベリ、クラウゼヴィッツなどの戦略戦術論の古典も勉強していた。現代の社会心理学も学んだ。「選挙学」という研究分野も研究した。田中角栄も二階俊博も、これらのことを知りつくしていた。

しかし、選挙は単なる科学ではない。ビスマルク流にいえば「術」である。科学だけでなく「術」も使えなくては、真の選挙プロとはいえないのである。二階俊博は「科学」も「術」も心得ている。

現在は世論調査の時代である。いまの世論調査の精度は非常に高い。選挙のための世論調査は特別にサンプル数も多く、分析も緻密である。

自分の選挙区で定期的に世論調査を行っている国会議員もいる。ライバル候補についての世論調査も行って、選挙の戦略戦術を考える陣営も少なくない。

選挙戦の終盤になって「相手候補に五〇〇票及ばないからなんとか力を貸して下さい」

と派閥の領袖や党本部の大幹部に泣きついてくる候補者もいる。そんなとき、五〇〇票を実際に動かすことができる大幹部は、いまはほとんどいない。いま、こんな芸当ができるのは一人だけである。二階俊博である。二階俊博は、長い政治家人生のなかで全国に広く深い人脈を築いているから、こんな芸当ができるのである。

自民党で選挙の指揮をとるのは、幹事長、選挙対策委員長である。二階俊博はいま幹事長であり、選挙の最高責任者であるが、この立場にないときも選対顧問として選挙に関わることが多かった。

二階俊博が選対に関わっていなかったときもあった。このとき、自民党は大敗北した。二〇〇七年の参院選と二〇〇九年の衆院選のときだ。二〇〇七年参院選は第一次安倍晋三内閣のときだが、このときの大敗北のため第一次安倍晋三内閣は短命に終わった。二〇〇九年衆院選は、麻生太郎内閣のときで、この大敗北で自民党政権は倒れた。自民党が、このような大惨敗を喫したのは、結党以来初めてだった。

有能な指導者や参謀がいなければ選挙には勝てない。凡庸な指導者のもとでは選挙の勝利はない。

二〇〇九年衆院選での民主党の獲得議席数は三〇八だった。大勝利で、念願の政権交代を実現した。自民党はわずか一一九議席しか獲得できず、政権を失い、野党になった。二〇〇七年から二〇〇九年にかけて、私は、時々民主党から応援を頼まれた。二〇〇七年参院選のときはかなり多く、民主党応援のため全国を旅した。二〇〇九年衆院選のときも、知り合いの民主党候補からの応援依頼はいくつかあった。人間的に信頼できると私が判断した候補者だけは応援した。

じつは、私は、若いときから友情第一主義で生きてきた。人間性第一主義といってもよい。この生き方はいまも変わらない。若いときから政治活動をしてきたが、私は友情第一主義を通し抜いた。信頼の基本を個人の人間性においたのである。「どの政党に属しているか、どんな政策を主張しているか」ということよりも「人間性」を重視してきた。だから、信頼できる友が自民党にいるときは、ライバルの民主党候補の応援は断った。信頼している友が自民党員であっても、声がかかれば応援に行った。これが私の生き方である。

私は若いころ、左翼学生運動のリーダーだったが、その時から、人間的に信頼できる者を友とし、友情第一主義を貫いた。誰がなんと言おうと、私は若いころからこの生き方を通してきた。いまもこの生き方を通している。私は友情に殉じたいと思って生きてきたし、いまもそうしている。二階俊博のような大物の天才政治家を「友」と言ったら叱られるかもしれないが、私にとって真に大切な「友」である。

二階俊博は選挙の天才である。二階俊博は、地元に強い支持基盤ができている。たとえ自民党が大敗北し、ほとんどの自民党候補が敗けても二階俊博だけは絶対に勝つと、私は信じていた。私は、二階俊博の選挙についていささかも心配していなかった。

しかし、二〇〇九年八月三〇日の投票日の二日前、マスコミ人の友人が「二階危うしの調査がある」と連絡してきた。そんなことはないと思いながら、私の体は和歌山に向かって動いていた。

二階俊博は、かつて私が『公共事業必要論』を出版したときの大恩人だ。あのとき受けた大恩はいっときたりとも忘れたことはない。じっとしてはいられなかった。

二〇〇九年八月二九日夕方、田辺駅前に着くと駅前には二階俊博候補の遊説カーがいて、街頭活動を行っていた。聴衆は多かった。ほとんどの聴衆が、二階俊博の勝利を祈っているようにみえた。

聴衆のあいだを歩くと、何人かの知人の中央官庁の幹部に会った。「どうしてここにいるのですか?」と尋ねると、「休暇をとって来ました。二階先生のことが心配でやって来ました」と答えた。二階俊博の厚く高い人望を改めて痛感した。私は遊説カーにいる二階俊博本人のところへ進み、挨拶し、「応援演説をさせてほしい」とお願いし、遊説カーのうえに乗り、応援演説を行った。

「二階俊博さんは日本にとって大切な政治家です。日本の政治においてこれほど重要な政治家はいません。二階さんを支持して下さい」

と、繰り返し訴えた。

このあと、遊説カーに同乗させてもらい、終了時まで選挙運動を共にした。夜八時、選挙運動の終わりに二階俊博がマイクを握って演説した。心に響く名演説だった。

「皆さんに深く感謝します。どんな結果が出ようとも、私の気持ちは感謝のみです。皆さん、本当にありがとうございました」

悟り切った美しい表情であった。私はこの光景を見ながら、「二階俊博という政治家は西郷隆盛のような大きな人物だ」と改めて認識した。

選挙結果は、私が予想していた通り、二階俊博は大差で勝った。というより負けなかった。議席を守り抜いた。

あとで知ったことだが、民主党のある幹部のグループは、二階俊博へのネガティブキャンペーンを大金を投入して徹底的に展開したという。民主党候補応援のため多数のオルグも投入したが失敗し、すべてが無駄になった。

二階俊博は、ありとあらゆる妨害工作をはね返して勝利したのである。私は翌朝早く、和歌山を発ち帰京した。そして、その夜、二階俊博の勝利を知った。

第二次安倍晋三政権は、政権を回復した二〇一二年以後の国政選挙で勝利をつづけている。この連続勝利の最大の功労者は二階俊博だ、と私は思っている。

二〇一二年を含めて、選挙結果を見てみよう。

【二〇一二年衆院選】自民二九四（前回一一九）・公明三一（前回二一）／民主五七（前回三〇八）
【二〇一四年衆院選】自民二九一・公明三五／民主七三
【二〇一七年衆院選】自民二八四・公明二九／希望五〇・立憲五五
【二〇一三年参院選】自民六五（前回五〇）・公明一一（前回九）／民主一七（前回四七）
【二〇一六年参院選】自民五六・公明一四／民進三二
【二〇一九年参院選】自民五七・公明一四／立憲一七・国民六

第二次大戦後、日本が議会制民主主義の国になって以来、与党側が衆院選三連勝、参院選三連勝、合計国政選挙六連勝は例がない。

この連続勝利の原動力は自民党と公明党の選挙協力にある。自民・公明両党の選挙協力の要の役割を果たしてきたのが、二階俊博である。

二階俊博は、自公連立政権における諸葛孔明のような存在である。二階俊博が自公連立の中心にいる限り、野党に出番はないと思う。

二階俊博にとって課題がある。それは後継者の育成である。日本の保守勢力は、三木武吉のあと田中角栄が登場した。田中角栄のあと二階俊博が出てきた。

三木武吉が大活躍したのは一九五五年。田中角栄が大活躍したのは一九七二年。二階俊博は二〇〇一年から今日まで二〇年間、「ナンバー2」の立場にいながら最高実力者として活躍している。

日本の政界では、二〇年に一人の天才政治家が登場してきた。次の保守政治の救世主が登場するのは二〇三〇〜二〇四〇年頃ではないか、と私は予想しているが、もっと早く出てほしいと願う。二階俊博の知恵と政治家魂と「術」の極意を継承する新たな天才政治家の登場を期待する。

8　二階俊博は、幹事長として党勢拡大・党財政健全化を前進させた

国会議員の仕事は忙しい。東京での国会活動と自らの選挙区での政治活動に追われる毎

日である。議員外交もある。そんななか、最も大変なことのひとつが党勢拡大である。党員を増やすことだ。国民の政党不信が厳しくなる一方の現在、党員拡大は難しい。これはどの政党も同じであるが、自民党と公明党だけは、最近まで着実に前進してきた。理由は党執行部の断固たる姿勢にある。とくに自民党は執行部の姿勢が厳しい。最近は党勢拡大は困難に直面しているが、知恵者の二階俊博が幹事長の座にいる限り、壁を破ることは不可能ではない。

自民党の二〇一七年の党員数は一〇六万八五六〇人で、前年に比べて二万四七七〇人増加した。党員数の増加は五年連続だった。約七割の党所属議員が「党員一〇〇〇人獲得」のノルマを達成した。これは党執行部が全国会議員にねじを巻きつづけた結果である。執行部の中心にいる二階俊博幹事長は次のように語っている。

「党員数を増やすことに国会議員自身が意識をもつことが大事だと機会あるごとにお願いしてきたが、ようやくその機運が本物になりつつある。今後もしっかり対応していきたい」

自民党は二〇一四年に党勢回復を目ざして「一二〇万党員獲得運動」を開始し、全議員に新規と継続を合わせた党員を一〇〇〇人以上確保するよう指示していた。未達成の場合は不足党員一人につき二〇〇〇円の罰金などを命じていたが、二〇一七年からは氏名を公表する罰則を加えた。二階俊博幹事長は甘くないのである。

二〇一九年における主要政党の党員数を比較してみる。

自民党／約一一〇万人、公明党／約四〇万人、立憲民主党／不明、国民民主党／約七・六万人、日本共産党／約三〇万人、日本維新の会／約一・九万人、社会民主党／約一・五万人。

立憲民主党の党員数不明は、たとえ新しい政党だということを考慮しても、公党としては無責任である。しかも野党第一党である。立憲民主党執行部は、公党としての責任を自覚すべきである。

自民党は一九九〇年代には二〇〇〜五〇〇万人の党員を誇っていた。一九九一年には五〇〇万人を超えた。しかし一九九三年細川非自民政権が成立すると、自民党の党員は激減した。

二〇〇九年八月の衆院選で敗北し、野党に転落したときは自民党の党員数は最低レベルにまで落ちた。しかし、二〇一二年一二月の衆院選に勝利して、党勢は徐々に回復、二階俊博が総務会長になり、さらに四年前に幹事長に就任して以後、上り坂になり、二〇一六年に一〇〇万人を超えた。

二階俊博は党勢拡大に最も熱心な幹事長である。今後も二階体制がつづく限り、一二〇万党員の実現は十分に可能である、と私は思っている。

なお、党費は、自民党は年間四〇〇〇円（家族党員は二〇〇〇円）、公明党は年間三〇〇〇円（サポーター会費二〇〇〇円、他に機関紙「公明新聞」購読料月額一八八七円）である。

かつての中選挙区制度のもとでは、自民党国会議員の後援会組織は強大であった。一九七〇年代初め、私が自民党の取材をはじめたころは、自民党員数約一〇〇万に対し、自民党議員の後援会の会員数は八〇〇〜一〇〇〇万人といわれていた。

一九七〇年代後半、自民党総裁選に一般党員が参加する制度にした。あるときは、第一回投票は一般党員のみ、上位二人による決選投票は国会議員のみ、という制度にしたこともあった。この制度により、党員は激増した。それまで後援会のメンバーだったが自民党員ではなかった人々が、大量に入党した。自民党員二〇〇〜五〇〇万人時代は、個人後援会メンバーの大量入党によって実現した。

今日の自民党総裁選は、国会議員五〇％、一般党員五〇％の比重になっている。これが一九七〇年代後半期のように、第一次投票は一般党員のみ（第二次投票は国会議員のみ）とすれば、自民党員数は大幅に増加する可能性はある。多くの国民は自民党総裁選イコール内閣総理大臣と思い込んでいるからである。

民主政治が機能するためには、国民と政治の関係をより密接なものにする必要がある。そのためには、各党執行部は、党員増加にもっと熱心に取り組むべきである。自民党と公明党はよくやっていると思う。

現在のところ、この問題に最も熱心に取り組んでいるのは、幹事長の二階俊博と幹事長代理の林幹雄と少数の同志たちだけ、と言ったら言いすぎだろうか。

党員増を実現するためには、政治の信頼を高める必要がある。政界全体のレベルを上げなければならない。とくに大切なのは、政治倫理と国民との結びつきである。二階俊博的政治魂の拡大が、いま求められていると思う。

政党交付金支給額推移

年	自民党	公明党	民主党	立憲民主党
2006	168	28	104	-
2007	165	28	110	-
2008	158	27	118	-
2009	139	26	136	-
2010	102	23	171	-
2011	101	22	168	-
2012	101	22	165	-
2013	145	25	85	-
2014	157	26	66	-
2015	170	29	76	-
2016	174	30	93	-
2017	176	31	78	4
2018	174	29	55	27

（単位 億円，以下端数切り捨て）

二階俊博幹事長のもとで、自民党財政も著しく改善している。二〇〇九年麻生太郎内閣のとき、自民党は多額の借金をして衆院選に備えたが、大敗北を喫し、政権を失った。官界も地方自治体も報道界も、野党になった自民党から離れた。長いあいだ、自民党と一体的関係にあった財界も自民党に距離を置いた。

自民党の惨敗をみて、自民党が再び政権に返り咲くのは困難、との見方が国民のあいだに広がったのは、前述のとおりである。銀行も自民党に見切りをつけ、借金返済を厳しく求めた。繰り返すが、夜がきて、自民党本部に明かりがつけば、「電気をつける金があるなら借金を返せ」と迫られたこともあった。銀行は水に落ちた犬は容赦なく叩く。

自民党の財政は、政権を失って、どん底に落ちた。自民党議員、職員、党員の意気は萎縮した。

そんななか、不屈の精神を発揮したのが、二階俊博、伊吹文明、林幹雄らのベテラン議員だった。彼らの精神は負けていなかったのだ。

政党の財政を支えているのは、政党助成金と献金、政治資金パーティーなどの事業収入である。自民党は政党助成金のみに依存せず、献金、事業収入もあるが、政党助成金の推移に、党財政の変化の過程があらわれている。

二〇〇六年以後、二〇〇八年までの自民党、公明党、民主党の政党助成金額の推移は次表の通りである。

二〇〇九年の政権交代のそれぞれの党財政に与えた影響が大きかったことが示されている。

自民党は財政面でも立ち直った。二〇一八年には、かつて勢いのよかった二〇〇六年を超える状況にまで回復した。政治献金も回復し、党財政は健全化した。二階俊博幹事長と同志たちの努力によるところ大である。

二階俊博幹事長体制のもとでの財政運営は健全にして堅実である。二階俊博は財政運営の面でもすぐれている。超一流経営者でもある。締めるべきところを締め、出すべきところは出す――を心得ている。

二〇一九年以後、自民党の党勢にかげりが出ていることは否定できない。長期政権の末期、政治は乱れる。自民党政権といえども安泰ではない。二階俊博幹事長にとって試練のときがきている。しかし、私は、二階俊博ならこの危機を突破できると期待している。

9　二階俊博は、「平和・博愛・忠恕」の政治への挑戦をつづける

二階俊博の国際活動・国内活動に同行したとき、会う人につねに寄り添い「善」を実行しつづける二階俊博の姿を見ると、頭に浮かぶ言葉がある。

「政治の目的は善が為しやすく、悪の為しがたい社会をつくることにある」

一九世紀のイギリスの自由主義政治家グラッドストーンの言葉である。

二階俊博のすべての人を大切にする政治行動をみていると、二階俊博という政治家は、本質的に「善」の追求者だと強く感ずる。真の善人である。

人間社会がつづく限り、善と悪との戦いが終わることはない。これは永遠につづく戦いである。二階俊博は「善」の守護神である。

二階俊博は「平和」の政治家である。二階俊博が三〇年間の政治生活のなかで努力してきた「日本を観光・文化立国にする」ための旺盛な活動も、アジアの平和、世界の平和のためだ。中国・韓国・ベトナム・ロシアなどの諸国と日本との友好関係の発展のために働きつづけてきたのも、世界の平和を守るためだ。

防災減災国土強靭化のための努力も、日本国民の生命を守り、日本を平和で安全な国にするためである。二階俊博こそは、現代の日本の政治家のなかで、平和のために最も努力してきた政治家である。二階俊博ほど平和のために努力に努力を重ねてきた政治家を私は知らない。

二階俊博は、今後も平和の政治家として信念を貫く決意である。

二階俊博の政治の基礎にあるのは、平和と博愛と忠恕の思想である。忠恕とは国民大衆への限りなきやさしさを意味する言葉である。

二階俊博のこの信念に対して、世界中のすべての人々が好意的な立場をとっているわけではない。残念ながら、戦争を好む者もいる。これから、様々の災禍が、人類を襲うおそれがある。

二〇二〇年、二階俊博の「平和・博愛・忠恕」の政治は、大きな試練に直面している、といえるだろう。

世界情勢は揺れ動いている。自然災害も次々と発生する。新型コロナウイルスによる新型肺炎は世界を大混乱におとしいれた。民族間対立、人種間対立、諸々の社会的距離の広がり、貧富格差拡大、憎悪が憎悪を生む悪循環の発生……等々、人類にとって厳しい現実が、我々の前にある。米国、中国、ヨーロッパ、中東の政治経済状況は不安定である。日本も安泰とはいえない。

いま、世界も、日本も、「平和・博愛・忠恕」の政治家・二階俊博を必要としている。政治家には年齢はない。『後漢書』に次の言葉がある。

「老いてますます壮《さか》んなるべし」

二階俊博にお願いする。生涯現役を貫いて、日本・アジア・世界の平和のために働きつづけていただきたい。

10　長期的視点に立つ二階俊博の「新型コロナウイルス」への対応策

中国において新型コロナウイルス感染症が湖北省を中心に急激に拡大しているとの情報が日本にもたらされたとき、二階俊博は素早く動いた。マスクや防護服を集めて中国へ贈った。東京都の小池百合子知事に、東京都で備蓄していたものの一部を中国へ贈るよう要請し、実現した。

この即動の支援活動は中国人民から大いに感謝され、日中平和友好関係の発展にとって大きな意味をもった。

その後、日本でも新型コロナウイルス感染症が広がり、中国から日本へのマスク、防護服等の援助が行われた。これは初動期における日本からの援助がつくり出した友好関係の賜である。この動きは二階俊博が主導した。二階俊博は、政府を立てながら、自らは水面下で根まわし役に徹している。あくまで、二階俊博流を通している。

二階俊博は、つねに将来を見据えている。

新型コロナウイルス感染症の全世界的拡散による大混乱のなかで、二階俊博と側近は、冷静に内外情勢を分析し、日本政府が過ちを犯さぬよう、将来への戦略戦術を研究している。

『論語』のなかに「遠くを慮んぱかることがなければ、必ず近憂がある」という孔子の言葉がある。

二階俊博の政治行動は、つねに長期的展望に立脚している。二階俊博は、政治判断を行うにあたって、つねに遠い将来を見据えて、現実の問題の解決に努めてきたし、いまもそうしている。

二〇二〇年三月現在、事態はきわめて流動的である。「新型コロナウイルス」がどういうものか、どうすればこの蔓延を止め、患者を救うことができるか、について明確な解決策は発見されていない。医学関係者、すべての行政機関の担当者は暗中模索の状態にある。二階俊博は長い政治経験のなかで培った抜群の知恵をもっている。自由民主党幹事長として決断すべきことは、きちんと決定する。政府へのアドバイスが必要なときは、的確な助言をしている。

繰り返すが、二階俊博は、つねに将来への備えを怠らない。来るべき世界政治と世界経済の大変動のなかで、日本はいかなる長期的展望をもつべきかを、熱心に研究している。

二〇二〇年代は大変動期である。

「新型コロナウイルス」で歴史が大きく変わるかもしれない。

日本国民は、この大変動期のなかを生き抜かなければならない。政府与党には、国民の生命と財産を守り抜く責任がある。二階俊博は、この政治の責任を強く自覚し、将来の対策の研究をつづけている。同時に、二階俊博は、コロナを抑えるワクチンの研究者を応援している。優秀な研究者が二階俊博人脈の中にいる。

今回の「新型コロナウイルス」対策は、一国のみの問題ではなく、全世界が直面している深刻な課題である。隣国同士が、そして世界各国が互いに協力し、助け合って、この難局を乗り越えなければならないのだ。こうしたときにこそ、日頃の友好親善の成果が発揮される。二階俊博は、この日本で、諸外国と友好親善を積み重ねてきた政界の第一人者である。

いまの日本は、長期展望をもち、平和主義を貫く政治家を必要としている。とくに世界が厚い壁に直面し、苦闘しているいまこそ、知恵者・二階俊博の出番である。

11 「新型コロナウイルス問題」をめぐる日中協力

――二階俊博の中国への支援と「アリババ」からの日本への支援

いま、世界中が新型コロナウイルス感染症で苦しんでいる。日本も、その例外ではない。日本国民は日常生活において、深刻なマスク不足である。政府も企業も努力してマスクの増産、輸入の促進につとめてはいるが、なかなか需要に追いついていない状況である。

そうしたなか、二階俊博が中国との長い友好関係を基盤として、心温まるエピソードがあることを、自民党衆議院議員の宮内秀樹が、私に伝えてくれた。

宮内秀樹は、現在自由民主党副幹事長であり、今回の新型コロナウイルスに対応するための「新型インフルエンザ等対策特別措置法改正法」の成立に、衆議院内閣委員会の理事として尽力した。

宮内秀樹は、自民党若手衆議院議員のホープとして期待され、その行動力には定評がある。わざわざ、私を訪ねてきてくれ、二階俊博と中国の大手ＩＴ企業「アリババ」の創業者の馬雲《ジャック・マー》から、日本にマスク一〇〇万枚が寄贈された経緯について、私に語ってくれた。

新型コロナウイルスの拡大により中国で毎日数千人単位の感染者が発生し、医療物資が不足していたとき、馬雲《ジャック・マー》は、以前から交流のあった二階俊博に医療物資の調達を相談した。二階俊博は、すぐに医療用防護服一二・五万枚を手配して中国に送った。

この二階俊博の支援に対する恩に報いるために馬雲は、日本にマスク一〇〇万枚を寄贈することになった。

その際、馬雲から二階俊博にあてて記された書簡全文を掲載する。（訳文は宮内秀樹の提供による。文責・森田実）

尊敬する二階俊博先生

これまでの一カ月にわたる新型コロナウイルスとの戦いを経て、中国にいる私たちはようやく最も困難な時期を乗り越えることができました。

感染が拡大し、中国の医療物資不足の危機が差し迫っていたとき、二階先生に「中国のために、必要な医療物資を日本で探していただけないか」とお尋ねしたところ、「親戚が病気になっているなら、手を差し伸べるのは当たり前です。国の力を結集して中国を助けましょう」というお返事をいただいたことを、はっきり覚えています。

その後、二階先生自ら各方面にお声がけされ、約一二・五万着の防護服を新型コロナウイルス対応の最前線で昼夜なく戦う中国の医療関係者に提供くださいました。

日本からの数え切れない、心からの支援に中国の皆が感動し、感謝感激しました。

残念なことに、日本も現在厳しい困難に直面しています。今度はその困難をよく知る私たちが、友として、日本の皆さまをなんとか助けたいと強く願っています。

そこで先日、私たちは一〇〇万枚のマスクを緊急調達し、二階先生に託すことにしました。ぜひ医療物資を必要としている日本の医療機関などにお渡しください。日本が一日も早く新型コロナウィルスとの戦いに打ち勝てるよう、心よりお祈り申し上げます。

今回のマスクは、アリババ公益基金会とジャック・マー公益基金会が共同でかき集めたものです。しかし、アリババだけの気持ちではなく、多くの中国の人々の気持ちでもあります。私たちはこれまで日本の皆さまからいただいたご支援に心から感謝し、胸に刻んで、その恩に報いたいと思います。

現在、私たちは同じ困難に立ち向かっています。これからも相互に助け合い、共に困難を乗り越えられると信じています。

日本の平穏、中国の平穏を祈り、改めて感謝の気持ちをお伝えします。

日本の皆さまのご健康を心よりお祈り申し上げます。

アリババ公益基金会
ジャック・マー公益基金会
馬雲

贈られたマスクを入れた段ボールには、「青山一道　同担風雨」という漢詩が添えられていた。この漢詩の意味は、「同じ山を見る隣人同士、共に困難を乗り越えよう」（森田実・訳）という内容である。

これに対して、二階俊博は、次のような手紙を馬雲に送った。全文を掲載する。（提供・宮内秀樹）

馬雲殿

この度、貴殿よりわが国に対してマスク一〇〇万枚を寄贈していただけるとの報は、日本及び日本国民にとって非常に心強いものでありました。その迅速なご決意とご厚情に、心より深く感謝を申し上げます。

世界各地で猛威を奮う新型コロナウイルス感染症に対し、日中両国は、感染拡大の防止、一日も早い終息に向け懸命の取り組みをしております。

わが国においては、マスク等防疫物資の不足状態が生じ、医療機関ばかりでなく、国民生活にも影響が出るなど、政府・自民党は、この現状の打開に向けて全力で取り組んでいるところです。

このようななか、貴殿からいただいたマスクは既に日本に届き、必要とする全国各地に届けられております。各方面より感謝の念が続々と寄せられており、改めて日中の深い繋がりに感謝しています。

観光や経済など、これまで長い時間をかけて築いてきた日中両国の交流は、現在一時的に困難ななかにありますが、我々は必ずや、この感染症に打ち勝ち、日中両国の絆がさらに強くなることを期待しております。

改めて、感謝の念を表するとともに、貴殿のご健勝、ご活躍を祈念申し上げます。

日本国自由民主党幹事長　二階俊博

二階俊博は、一般社団法人医療国際化推進機構（ＩＭＳＡ）の名誉理事長として、必要とする医療機関および関係各方面に遺贈されたマスクを送った。

日本と中国という隣人同士の心温まる気持ちのあらわれの一〇〇万枚のマスクにこめられた熱い友情こそが、今回の全世界が直面している苦難を乗り越える大きな力になると思う。

いま一番大切なことは、全世界が協力することである。
小異を捨てて、大同につくことだ。対立は最悪である。
二階俊博と「アリババ」の創立者・馬雲の友情は貴重である。
まず日中両国民が協力し、全世界の協調態勢を構築すべきである。

終　章——個性ある二階俊博の政治信条と手法の考察

「能ある鷹は爪を隠す」を貫いた二階俊博

政治家としての業績から見ると、二階俊博は群を抜いている。すでに本文において指摘したことだが、第一に「観光文化立国」の実現、第二に「防災・減災・国土強靭化」政策の実行、第三に「世界平和のための議員外交」の推進、第四に「社会的差別克服」への努力、第五に「東洋医療の再評価」、第六に「選挙における連続勝利」、第七に「自由民主党党勢拡大・党財政再建」、第八に「自公連立政権」強化など枚挙にいとまがない。これほどの政治的実績を為しとげた政治家は二階俊博ただ一人である。

六五年前の保守合同時、政治の天才といわれた三木武吉は、吉田政権末期の政治的混乱をおさめたうえで、保守合同を実現した。そのうえで、日ソ交渉・日本の国連加盟を実現させる政治の方向を定めたが、日ソ交渉が成功し国連加盟が実現したときには、もうこの世にはいなかった。保守合同の偉業は歴史的大事業であるが、このほかには政治的業績といえるものは見当たらない。三木武吉はこの大事業を終えるとすぐにこの世を去った。天命とはいえ、三木武吉の天才が国民のために発揮されなくなったことは惜しまれる。

五〇年前に、同じく政治の天才といわれた田中角栄は、政官界にしみついた学歴偏重の固定観念を打破し、庶民宰相となり、政治を国民に近づけた。この功績は高く評価されるべきである。さらに佐藤栄作内閣のもとで進まなかった日中国交樹立を実現し、アジアにおける平和の流れを固めた。ついで、石油危機に際し、日本独自外交を実行し、日本経済を救うために努力した。

これらの田中角栄の政治的業績は偉大であるが、田中角栄の政治がここで終わったことは惜しまれる。田中角栄の天賦の才能が国民のために活用される道が、米国政界からの田中角栄への攻撃によって妨げられた。田中角栄の偉大な才能が、田中角栄自身の名誉回復のためにのみ使われるように仕向けられたのは、日本国民にとっても田中角栄にとっても不幸なことだった。田中角栄政治を葬ろうとして、当時の米国政界とそれに協力した日本の政界とマスコミは、大きな過ちを犯した。

田中角栄が提唱した日本列島改造計画が実行されれば、戦後の高度成長の成果が安定する流れだったが、石油危機とそのあと起きたスタグフレーションによって足をすくわれたことは、めぐり合わせとはいえ、日本にとって不運だった。この直後、経済政策の大転換が必要になったとき、田中角栄は政敵の福田赳夫に経済政策の舵取りをゆだねた。この行為は高く評価されてよい。政治家は私情を超越しなければならない。田中角栄はこれを実行した。

三木武吉、田中角栄の政治手法に比べると、二階俊博の政治手法はおだやかで地味であるが、これは二階俊博が「爪を隠す能ある鷹」であることの証左だと私は思っている。二階俊博が、つねに自らを抑制し、忍耐と自己の政治的業績をいささかも誇示することなく、国民に尽くし抜く姿勢を貫いてきた結果である。

自由民主党の六五年間の歴史を振り返ると、巨大な実力をもった「ナンバー2」政治家は、何人かいた。一九六〇年代から七〇年代初期にかけては、田中角栄と福田赳夫が「ナンバー2」の立場にあったが、彼らはトップへの道の途中で「ナンバー2」の立場にいたのであり、「ナンバー2」に徹してはいなかった。

八〇年代から九〇年代初期にかけて、金丸信と後藤田正晴が「ナンバー2」政治家として巨大な力を発揮したが、歴史に残るような政治的業績はほとんど残っていない。二人には政治力はあったが、理想と政策面が弱かった。

政治的業績から見ると二階俊博は、群を抜いている。これは、二階俊博がつねに理想をもち、理想にもとづく政策を追求していたからである。この点は公平に評価しなければならないと思う。政治家の業績は国民社会への貢献を軸にして評価するべきである。

第二次大戦後の日本は、議会制民主主義を基本にして歩むことになったが、この六五年間に三人の議会政治の天才が登場した。三木武吉と田中角栄と二階俊博である。いずれも党人政治家である。

この三人のなかで二階俊博の政治手法は独特である。二階俊博は可能な限り目立たぬように行動し、世間の目が二階一人に集中しないように気を配っていた。二階俊博は老子の「三宝（慈しみ・つつましさ・天下の先に立とうとしない）」を貫いたのだ。

「天才とは忍耐である」と言ったのは、一八世紀フランスの博物学者のビュフォンであるが、二階俊博は抜群にすぐれた忍耐力の持ち主である。

すぐれた指導的政治家は「術」を使う

政界でよく使われる言葉に、ビスマルクの「政治は科学ではなくて術である」という格言がある。「政治は可能性の芸術である」という言葉もビスマルクの名言としてよく引用されるが、この言葉がビスマルク自身の言葉かどうかは確かではない。はじめの「術である」の方はビスマルクがよく使っていた言葉だ。

政界に関係する者は、政治家だけではない。官僚も政治記者も政治学者も政界人である。しかし、「術」を使いこなすことができるのは指導的政治家だけである。官僚、政治記者、学者には「術」の心得はない。官僚、政治記者、学者のなかには「術」を使う政治家を理解する者もいるが、稀である。一般の官僚、政治記者、政治学者は指導的政治家の「術」を理解できない。

二階俊博は、この「術」を心得ている。重要な判断をするときは「術」を上手に使う。名人である。

三木武吉も保守合同を実現するとき、政敵の大野伴睦と握手した。誰も予想できないことをやったのである。三木武吉は「術」使いの名人だった。

田中角栄は日中国交樹立を実現するため自ら中国を訪問し、周恩来と毛沢東に会った。電撃的な訪中だった。田中角栄も「術」を使った。

二階俊博は、野党にいながら二〇一〇年に津波対策議員連盟を発足させ、津波対策の推進に関する法律の議員立法化をすすめ、反対の立場をとっていた多数党の民主党を説得し、衆参両院とも全会一致で成立させた。不可能を可能にしたのだ。さらに、「いなむらの火」の一一月五日を「世界津波の日」にすることを国連総会で決議することも為しとげた。防災・減災・国土強靭化基本法も、野党時代から立法の準備作業を開始し、自民党が政権復帰後の二〇一三年に成立させた。二階俊博は、世間が不可能と考えられていたことを実現した。「術」を用いた結果であった。

まさしく仮説を立て、真理を探求する「科学」だけでは、政治は動かない。現実を直視していかに実現するかは、その政治家の「術」にかかっているといえる。指導的政治家には独特の「勘」がある。二階俊博は、その「術」をいつ、どのように用いるかを誰よりも心得ているからこそ、こうした劇的な政治を実行することができるのである。

「和歌山魂」の継承者としての二階俊博

すでに記したとおり、私は八七歳の今日まで、旅が生活の中心だった。日本全国の主な都市はほとんどまわった。海外への旅は二〇数回にすぎないが、日本国内でまだ行っていないのは、いくつかの離島だけである。

和歌山へは数百回旅した。ほとんどの名所旧蹟は何回も訪ねた。和歌山県出身の歴史上の人物の研究もした。三〇年も前のことだが、徳川吉宗、華岡青洲、南方熊楠についてはとくに興味をもって勉強した。

徳川吉宗は、和歌山出身でありながら江戸幕府八代将軍になった。徳川吉宗が生きた時代は一六八四年から一七五一年だった。

華岡青洲は江戸後期の外科医で、東洋医学と西洋医学を学び、苦心のすえ、麻酔薬を考案し、乳癌の手術を行い、日本医学に大きな貢献をした。華岡青洲が生きた時代は一七六〇年から一八三五年だった。

南方熊楠は、前述したとおり、明治・大正・昭和期の植物学者・民俗学者で、天才といわれた。粘菌研究で七〇種の新菌種を発見した。南方熊楠は日本が誇る世界的大天才である。南方熊楠が生きたのは一八六七年から一九四一年だった。

二階俊博は、南方熊楠が去る二年前にこの世に登場した。天才が入れ替わったのだ。二階俊博こそは、これら和歌山が生んだ偉人たちの「和歌山魂」の継承者だと私は思う。

私が二階俊博と初めて会ったのは一九八〇年代の後半期だった。一九七三年に知り合い仲よく交際させていただいていた田中派幹部の奥田敬和衆議院議員の会で二階俊博と会った。このとき、私は「ホンモノの政治家がいる」と感じた。私の頭にひらめいたのは「二階俊博という政治家は、将来必ず日本を代表する政治家になる」という思いだった。私は、二階俊博のなかに「政治の天才」を見たのである。

二階俊博が生まれたのは一九三九年二月である。

和歌山を代表する四人の生きた時代を並べてみると不思議な気分になる。

徳川吉宗、一六八四～一七五一年
華岡青洲、一七六〇～一八三五年
南方熊楠、一八六七～一九四一年
二階俊博、一九三九～

医学の天才・華岡青洲は、政治の天才・徳川吉宗がこの世を去った九年後に誕生した。天才博物学者・南方熊楠は華岡青洲がこの世を去った三二年後に生まれた。現在の政治の天才・二階俊博は南方熊楠が去る二年前に誕生した。江戸時代以後、和歌山県は、一〇〇年に一人、世界的天才を輩出した。

繰り返すが、私は、二階俊博と初めて会ったとき、「この人は政治の天才だ」と感じ、その後、三〇年以上にわたり今日まで二階俊博の政治家人生に注目しつづけてきた。

徳川吉宗、華岡青洲、南方熊楠、二階俊博を和歌山が生んだ偉人として関連づけるのは、あくまで私の主観であるが、ここに「和歌山魂」が継承されているように感ずる。私は、二階俊博を「和歌山魂の本流の継承者」と見るのである。

かつて私は、田中角栄研究に取り組んだことがある。一九七〇年代から八〇年代にかけて総合雑誌に田中角栄を書きつづけた。私は原稿依頼を受けると新潟県越後の田中角栄の選挙区へ行き、市民、農民の声を取材してまわった。あるとき、新潟県の歴史上の偉人と田中角栄との比較を書くため数百人の声を集めたことがあった。

結論は、田中角栄は、田中以前のどの偉人よりはるかに強い尊敬を受けていた。事実、田中角栄は過去の偉人たち（たとえば、上杉謙信、良寛、前島密、山本五十六）よりもはるかに越後の人々を愛し大切にしていた。そして、越後の人々は田中角栄を理解していた。

二階俊博は本質的には田中角栄と同じであるが、政治のやり方は、よりおだやかである。

二階俊博は、「和」の政治家である。二階俊博はアジアの平和、世界平和のために現在の政治家のなかでは群を抜いて活躍し平和に貢献している。それだけでなく、つねに、すべてにわたって「調和」を求めている。

二階俊博の政治手法は、「中庸・均衡」重視である。二階俊博ほどの実力者であれば、和歌山を特別扱いすることもやろうと思えば不可能ではないかもしれないが、決して強引なことはしない。つねに全体のバランスを考えて政治を運営している。無理はしないのである。

「和歌山魂」はおおらかである。紀伊半島が南に向かって大きく開いているからであろう。二階俊博が国際政治家として大活躍しているのは、開放的な風土と無関係ではないと私は感じている。

二階俊博の政治家魂の根底にあるもの

二階俊博の精神の根底にあるのは、すべての人間に対する「やさしさ」である。「やさしさ」は多少の差はあれ、すべての人に備わっている。しかし、稀に無限のやさしさをもち、発揮している人物がいる。

二階俊博はその一人である。無限のやさしさを発揮することは容易なことではない。無限のやさしさを発揮するには、大いなる勇気と行動力と実現力がなければならない。二階俊博が無限のやさしさを発揮しつづけているのは、強い信念と勇気と旺盛な実行力をもっているからである。

しかし、世界情勢が激しく変動するいま、そのやさしさを貫く政治は、大きな障壁にぶつかっている。二階俊博は、これを乗り越えることができるだろうか。率直に言って、いま、日本がぶつかっている壁は厚い。しかし、二階俊博にはやりとげてもらわなければならない。私は、二階俊博ならできる、と信じている。

いま、世界も日本も大きな困難に直面している。自然環境の激しい変化に人類社会は揺さぶられている。人間世界には不満と不信が渦巻いている。「善」と「悪」のせめぎ合いで「善」が駆逐されはじめている。一部には憎悪が憎悪を生む悪循環が発生している。戦争の危機が憂慮される状況もある。

それだけではない。人類社会では道徳崩壊現象が起き、広がりつつある。人類社会が試練を受けている。そして、いま、世界は新型コロナウイルスに襲われ、苦闘している。

日本の政治も大きな試練を受けている。

この危機を、国民と共に生きる希代の知恵ある政治家・二階俊博幹事長はどう乗り越えるのであろうか。

私は、二階俊博から平和のための新たな挑戦に協力を求められれば、老骨に鞭打って、邪魔にならぬように注意して、微力を尽くしたいと考えている。

あとがき

二〇一九年の秋、私は八七歳になった。自分の人生を振り返って「人生は人間関係の歴史である」と改めて感じている。

二階俊博と初めて会ったのは、氏の先輩の奥田敬和衆議院議員の会だった、と記憶している。三十数年前の一九八〇年代後半期だった。奥田敬和は、運輸大臣、自治大臣、郵政大臣などを歴任した田中角栄に近い田中派幹部だった。奥田敬和は「剛毅木訥仁に近し」の言葉が当てはまる真っすぐな政治家だった。立派な人物だった。羽田孜、小沢一郎、渡部恒三らと行動を共にし、政治生活の最後は民主党衆議院議員だった。私より五歳上の戦中派で、私を可愛がってくれた。私にとって人生の恩人の一人である。

奥田敬和が私に話してくれたことだが、一九八三年秋、奥田は田中角栄に呼ばれ「今度、和歌山から二階俊博が国会に出てくる。君が担当してくれ」と言われ、和歌山へ応援に行った。

「角さんは、二階に注目していた。角さんが新人議員を特別に気にしたのはめずらしい」と奥田敬和は私に語った。

その直後、後藤田正晴内閣官房長官の秘書をしていた学生時代からの友人の小島弘に「二階俊博を知っているか」と聞いたところ、「知っている。二階俊博は、我々が乗船した第一回洋上大学に参加していた」と言った。

第一回洋上大学とは、一九七三年春、自民党が次代を担う若手政治家を集めた洋上研修会のことで、私は、そのとき、親しかった橋本登美三郎幹事長に頼まれて、講師として乗船した。小島弘も一緒だった。小島弘から「二階も乗っていた」と言われて、縁があったのだと感じた。二階俊博と直接知り合ったのは、洋上大学の十数年後だった。

橋本登美三郎幹事長のところへ私を連れていってくれたのは、政治学者の吉村正教授だった。吉村正教授を私に会わせたのは清水幾太郎教授だった。清水幾太郎教授は、砂川米軍基地反対運動時代の恩師だった。

奥田敬和とは、橋本登美三郎幹事長室において初めて会った。橋本幹事長が会わせてくれた。一九七三年初頭のことだった。

二階俊博を初めて見たとき、探し求めていた理想の政治家にやっとめぐり会った、と思った。「善」のかたまりのような人の良さ、にじみ出る親切さ、明るさ、誰にも好かれるような誠実さ、フットワークの軽さ、謙虚さ、礼儀正しさ……。私は「最良の意味の政治家になるためにこの世に現れた人物だ」と思った。私はやっと理想の保守政治家にめぐり会ったと感じた。この瞬間、私は二階俊博のファンというより崇拝者になった。

二階俊博の政治家としての抜群の非凡さを感じたのは、阪神淡路大震災が起きたとき、野党議員でありながら、被災地の現場に一番早く入った国会議員であることを知ったときだった。すごいと思った。村山富市内閣は、途中からはよくやったが、初期には敏速な対応ができなかった。そのとき、二階俊博が政治家らしい勇気ある行動をとり、政界全体に活を入れたのだった。それ以後、私は二階俊博の政治活動を追いつづけてきた。

自民党議員のなかに、二階俊博のほかに何人か尊敬すべき政治家がいる。ここでは、三人だけ名をあげる。

一人は伊吹文明である。三〇年前、一九八九年に知り合った。人格者で高い知性の持ち主であり、秀才である。倫理的卓越性と知的卓越性の持ち主である。いま政権交代が行われたら、私は、伊吹文明を次期総理に推薦したい。それほどのすぐれた大人物である。二階派の前会長、衆議院議長を経て、いま二階派の最高顧問として、自民党全体をリードしている。

もう一人が、林幹雄である。私は、林幹雄を心底から尊敬している。誠実のかたまりのような、すぐれた人物である。

人物研究、とくに指導者研究は私のテーマのひとつである。「組織にとって最も大切な指導的人物は、孤独の状況においてはならない」という言葉を、私は数々の側近から聞いてきた。二階俊博は自民党にとってだけでなく日本にとって大事な指導者である。林幹雄は、つねに二階俊博に付き添い、二階を一人にすることはなかった。こんなことができる人は少ない。林幹雄は大人物である。

「すべての偉大な人々は謙虚である」（レッシング）という言葉を思い出す。

第三の政治家が、山口壮である。高潔な人間性と高い能力の持主である。近い将来、政界のトップになりうる優れた政治家である。

大人物の伊吹文明、林幹雄、山口壯ほか多くのすぐれた「善」の政治家が、二階俊博幹事長のまわりにいて支えている。今後も、日本国民のため、世界の平和のために働いてほしいと願う。

自民党六五年のなかで、「ミスター自民党」と呼ぶことのできる政治家は、三木武吉、田中角栄、二階俊博の三人だと、私は思っている。二階俊博には、三木武吉、田中角栄に劣らない政治的実績がある。二階俊博は、現代日本を代表する国民的政治家である。


最後にあえて申し上げたい。

二階俊博は、二〇世紀から二一世紀にかけて日本政界を代表する大天才政治家である。この大天才の魂は、田中角栄を父とし、南方熊楠を母としている。

二階俊博と初めて会った瞬間感じたことは「この男は、世のため人のために、善なる政治をやるためにこの世に生まれてきた人物だ」ということだった。その思いは、三十数年を経たいまも変わらない。

私が二階俊博を天才政治家であると考えるゆえんは、二階俊博は「人の心を正確に読み取る才能」がある、と思うからである。これは三木武吉の評伝を書くため三木武吉を研究していたときに三木武吉に感じたことであり、田中角栄を取材していたとき、田中角栄に感じたことでもある。

「人の心を正確に読み取る才能」――これは天才政治家の大切な条件であると思う。

発明家エジソンは「天才とは九九パーセントの発汗であり、残りの一パーセントが霊感である」と言った。「発汗」とは努力のことで、努力が何よりも大切なことを教える言葉である。同時に一パーセントの「霊感」の有無が、天才と普通人とを分ける境であることを示している。

政治の天才の三木武吉、田中角栄には「人の心を正確に読み取る才能」と「霊感」があった。同じく天才の二階俊博にも「人の心を正確に読み取る才能」と「霊感」がある。この「人の心を読み取る才能」と「霊感」は、天才政治家の二つの重要な必要条件であり、先天的なものではないか、と私は思っている。

二階俊博には、日本の、そして世界の平和のために、これからも、なお一層の活躍を心より期待して、筆を置く。

森田実

森田 実（もりた・みのる）

1932年、静岡県伊東市生まれ。東京大学工学部卒業。日本評論社出版部長、『経済セミナー』編集長などを経て、1973年に政治評論家として独立。テレビ・ラジオ・著述・講演活動など多方面で活躍。中国・山東大学名誉教授、東日本国際大学客員教授。東日本国際大学「森田実地球文明研究所」所長。著書に『森田実の言わねばならぬ 名言１２３選』『一期一縁』『公共事業必要論』『防災・減災に資する 国土強靭化政策が日本を救う！』『森田実の永田町政治に喝！』など多数。インターネットFacebookにて随時論攷を発表している。

二階俊博幹事長論

ナンバー１を越えたナンバー２実力者／平和・博愛・忠恕の政治家

2020年4月25日　初版第1刷印刷
2020年4月30日　初版第1刷発行

著　者　森田　実
発行者　森下紀夫
発行所　論 創 社
東京都千代田区神田神保町2-23　北井ビル
tel. 03（3264）5254　fax. 03（3264）5232　web. http://www.ronso.co.jp/
振替口座　00160-1-155266
装幀／宗利淳一
印刷・製本／中央精版印刷　組版／フレックスアート
ISBN978-4-8460-1937-2　